Tom Gebhardt | Ist die Linke noch zu retten?

BOOKS on DEMAND

Impressum

© 2020 Tom Gebhardt
ISBN: 9783750441309
Herstellung u. Verlag: BOD / Books on Demand GmbH
In de Tarpen 42 • D-22848 Norderstedt
Printed in Germany • 2. Aufl. 2/2020
Die Deutsche Nationalbibliothek verzeichnet diese Publikation in der Deutschen Nationalbibliografie; detaillierte bibliografische Daten sind im Internet über http://dnb.d-nb.de abrufbar

Tom Gebhardt

Ist die Linke noch zu retten?

Almosen, Schuld und Feindesliebe -
der fatale christliche Linkspopulismus

Vereinsamt

Die Krähen schrein
Und ziehen schwirren Flugs zur Stadt:
Bald wird es schnein, -
Wohl dem, der jetzt noch - Heimat hat!

Nun stehst du starr,
Schaust rückwärts, ach! wie lange schon!
Was bist du Narr
Vor Winters in die Welt entflohn?

Die Welt - ein Tor
Zu tausend Wüsten stumm und kalt!
Wer das verlor,
Was du verlorst, macht nirgends Halt.

Nun stehst du bleich,
Zur Winter-Wanderschaft verflucht,
Dem Rauche gleich,
Der stets nach kältern Himmeln sucht.

Flieg, Vogel, schnarr
Dein Lied im Wüstenvogel-Ton! -
Versteck, du Narr,
Dein blutend Herz in Eis und Hohn!

Die Krähen schrein
Und ziehen schwirren Flugs zur Stadt:
Bald wird es schnein, -
Weh dem, der keine Heimat hat!

Friedrich Nietzsche, 1887

I n h a l t

Vorwort

*Wer Politik als christlichen Gottesdienst betreiben will,
sollte wissen, dass seine 2000 Jahre alte Religion eigentlich für das friedliche Zusammenleben mit römischen
Besatzern gedacht war...*

Dieses Buch ist eine Einführung in die Psychologie des politischen Denkens, Fühlens und
Handelns. Es versucht zum einen mit psychologischen Mitteln die eigentlichen Motive zu ergrün-
den, von denen politische Akteure und ihre Anhänger
angetrieben werden: Nur wer diese versteckten Motive
kennt, kann anschließend für sich selbst entscheiden,
ob diese Motive auch die seinen sind und ob sie mit
der Sache, die politisch zu entscheiden ist, überhaupt
rational etwas zu tun haben können. Denn ist das nicht
der Fall und lassen sich Politiker und wir uns alle von
unbewussten Motiven leiten, die mit den eigentlichen
Problemen überhaupt nicht zusammenhängen, kann
es, wie es derzeit in der europäischen Linken geschieht
und deren Niedergang eingeleitet hat, zu gefährlichen
Fehlentscheidungen kommen.

Zum anderen wird uns in diesem Buch eine psychologische Sichtweise dabei helfen, *das Leid von Opfern
politischer Fehlentscheidungen* zu erkennen. Sie gehen
vor allem in der Migrationspolitik seit 2015 auf bewuss-
te und unbewusste, typisch christliche Denkmuster zurück. Diese sind nahezu bei allen etablierten Parteien
insbesondere aber bei einer bürgerlich-christlichen
Linken in allen Politikbereichen zu finden. Wenn wir

in diesem Buch dafür den Begriff des *christlichen Links-populismus* verwenden, tun wir das aus wissenschaftlicher Notwendigkeit, obwohl der Populismusbegriff mittlerweile überwiegend als politischer Kampfbegriff missbraucht wird. Ursprünglich bezeichnete er lediglich die demokratische Selbstverständlichkeit, dass sich politische Akteure in ihrem Handeln nach den Wünschen und Interessen der Mehrheit des Volkes (der Population) ausrichten. Inzwischen meint er jedoch ein ganz anderes, auch aus psychologischer Sicht sehr bedeutsames Phänomen, das so alt wie die Menschheit ist. Schon im persönlichen Umgang von Menschen ist Populismus regelmäßig zu beobachten: Populisten versuchen anderen die eigenen egoistischen Wünsche dadurch schmackhaft zu machen, dass sie ihr Vorhaben auf eine einschmeichelnde Art in Verbindung mit bei anderen beliebten Dingen präsentieren, die die Akzeptanz bei den Manipulierten für die eigenen Wünsche erhöhen. Auch viele Religionen verdanken ihre Entstehung dem Populismus politischer Eliten: Immer wieder in der Geschichte wollten Eliten an politischem Einfluss gewinnen indem sie sich als religiöse Heilsbringer inszenierten. Mit religiösem Populismus vermochten sie, multikulturell gespaltene und verfeindete Gruppen national zu einen und unter ihre Herrschaft zu bringen. Sie alle erklärten ihre politischen Ziele einfach zu sog. "Geboten" einer göttlichen Macht und bauten eine Religion drumherum, die allerlei Belohnungen für politisch-religiöse Gefolgschaft versprach (Sündenvergebung, ewiges Leben, paradiesische Belohnungen, Beute im "heiligen Krieg gegen Ungläubige").

Wie einen Pawlowschen Hund konditioniert auch die kommerzielle Werbung Menschen, um ihnen Produkte von zweifelhaftem Nutzwert durch ihre verbale und möglichst sinnliche aber unsinnige Verbindung mit populären Phantasien, wie "Freiheit", "Abenteuer", "Männlichkeit", "Schönheit" oder Sportlichkeit, schmackhaft zu machen. Deshalb könnten wir auch hier von einem typischen Populismus sprechen, wenn etwa eine dürftig schmeckende, mit Farb- und künstlichen Aromastoffen versetzte Tütensuppe einst von einem Sportler Tütensuppe löffelnd angepriesen wurde. (sozusagen "sportlicher Tütensuppenpopulismus"). Nicht anders geschieht es heute, wenn insbesondere christlich linkspopulistische Parolen von Künstlern, Sportlern, Journalisten oder anderen populären Personen medial millionenfach verbreitet werden, obwohl sie über keine demokratische Legitimation verfügen und meist nicht einmal mit den gesellschaftlichen Lebensbedingungen und den Problemen von Normalbürgern vertraut sind (werden Minderheitsmeinungen medial einseitig millionenfach vermittelt, erschweren sie eine Mehrheits- und Kompromissbildung nach vorhandenen mehrheitlichen Interessen und fördern so die Spaltung der Gesellschaft bis zur Unregierbarkeit).

Wer den Populismusbegriff nicht als diffamierende Meinungsäußerung missbrauchen möchte (womöglich noch in einer staatlichen Nachrichtensendung, die eigentlich Informationen statt Meinungen nach deutschem Rundfunkstaatsvertrag zu präsentieren hat!), sollte also zumindest angeben, welche populären Inhalte, die mit der eigentlichen Sache nichts zu tun haben, vom angeblichen Populisten missbraucht werden, um andere zu manipulieren. "Rechtspopulist" oder "Linkspopulist" sind ebenso *nichtssagende wie offensichtlich demagogische Unwörter.* Seine sachliche Relevanz erhält der Populismusvorwurf erst durch die Nennung der populären, aber unzulässigen apolitischen (z.B. religiösen, sportlichen, künstlerischen) Lockmittel, mit denen politische Parolen propagiert werden. "Linke" könnten dann also höchstens von einem "rassistischen Rechtspopulismus" sprechen, wenn in der Migrationspolitik von Rechten eine angebliche angeborene rassische Minderwertigkeit von Migranten propagiert würde (nur dies würde den Tatbestand des Rassismus erfüllen und wäre historisch begründet).

Wer von Populismus spricht, sollte aber auch begründen, warum nach seiner Meinung das Suggerierte schädlich für den Manipulierten ist. Denn es gibt durchaus auch einen positiven Populismus, wenn man etwa Kindern eine medizinisch notwendige Behandlung nicht mit gesundheitlich medizinischen Zusammenhängen, sondern mit allerlei sonstigen Belohnungen schmackhaft macht, um Schaden von ihnen abzuwenden.

Deshalb werden wir in diesem Buch auch nicht einfach demagogisch von "Linkspopulismus" sprechen, sondern von einem *christlichen Linkspopulismus* und nachweisen, wie in populistischer Weise die Existenzängste und religiösen Wünsche von Menschen politisch ausgenutzt werden. Wir werden aber auch, besonders aus einer psychologischen Sicht, belegen, dass linker Populismus insbesondere in der Migrationspolitik nicht zum Nutzen der religiös Manipulierten ist, sondern einen Schaden von historischen Ausmaßen für Generationen anrichtet. Dieser betrifft aber nicht nur die religiös manipulierten Anhänger "linker Flüchtlingspolitik", sondern ebenso Millionen von Migranten und 1 Milliarde Notleidende auf der Welt, die von christlichen Fluchthelfern ihrem Schicksal überlassen werden, weil sie zu alt, zu krank oder zu arm sind, zu ihren "christlichen Rettern" "flüchten" zu können.

Unter dem Blickwinkel psychologischer Grundannahmen werden wir zu dem Schluss kommen, dass zu den Opfern eines christlichen Linkspopulismus insbesondere Migranten aus *gegensätzlichen, patriachal totalitären Kulturkreisen* gehören. Ihre zwangsläufige und psychologisch vorhersehbare *Migrationsneurose* ist das Resultat einer meist traumatisierenden Flucht aus dem Unglück von Armut und Krieg in ein oftmals noch bedrückenderes Unglück: In die für die meisten noch größere seelische Not von *Heimatlosigkeit, Arbeitslosigkeit, Perspektivlosigkeit, kultureller Entfremdung, familiärem Verlust, religiöser Schuldgefühle und sexueller patriachaler Frustrationen.*

Doch damit ist des Unglücks, das christlicher Linkspopulismus anrichtet, noch nicht genug. Um nicht bei zu Ende gedachter christlicher "Flüchtlingspolitik" global gerecht *alle* Notleidenden auf sicherem Weg mit Schiffen und Flugzeugen nach Europa holen zu müssen und dann angesichts von einigen Hundert Millionen Zuwanderern für Deutschland alle linken christlichen

Helferillusionen zu verlieren, überlassen linke "Flucht-helfer" die Auswanderung der meist jungen männlichen Migranten skrupellosen kriminellen Schlepper-banden in unsicheren Schlauchbooten. Als wollten sie in zynischer Weise dem sozialdarwinistischen Prinzip des "survival of the fittest" ebenso Geltung verschaffen wie Neoliberale, locken sie in ihrem christlichen Eifer wider besseres Wissen weiterhin Notleidende zu einer Flucht übers Meer, die für Zehntausende von "Boots-flüchtlingen" zwangsläufig tödlich enden muss.

Dabei könnte der fahrlässigen Tötung von an-gelockten Bootsflüchtlingen durch christlich-lin-ke Fluchthelfer jederzeit ein Ende bereitet werden, wenn die "Seenotretter" sie nicht in ihr Unglück nach Deutschland weiterschleusen würden, sondern sie in ihre Heimat zurückbrächten, um dort *allen* Notleiden-den sozial gerecht zu helfen, sie in heimatnahen Lagern vor Krieg zu schützen und ihnen durch Friedenspolitik und Entwicklungshilfe eine Zukunftsperspktive zu ge-ben. Stattdessen kümmern sie sich aber lieber um ihre eigenen seelischen Bedürfnisse nach Schuldvergebung durch spektakuläre selbstquälerische Hilfsaktionen für jene Wenigen, die jung, gesund und reich genug sind, sich eine "Flucht" leisten zu können.

Doch selbst wenn es dann christlichen Fluchthelfern gelingt, die von ihnen selbst in Seenot Gebrachten aus dem Meer zu retten, lassen sie sie dennoch anschließend ertrinken: in der Fremde nämlich, wo die "Geretteten" heimatlos, arbeitslos, perspektivlos, sexuell und religiös frustriert usw. wegen ein paar Almosen unter lauter fremden "Ungläubigen" seelisch untergehen müssen, statt in ihrer vertrauten Heimat evtl. auch mit christlich-linker Hilfe ein menschenwürdiges Leben führen zu können.

• Parteien, NGOs und Aktivisten, die sich eine solche *psychopathogene "Flüchtlingspolitik"* auch noch als "humanitären" Verdienst anrechnen lassen wollen, *können* nur von besonders starken persönlichen (u.a. religiösen) Motiven getrieben sein, wenn sie die humanitäre Katastrophe, die sie dabei sowohl bei Migranten als auch in deren vernachlässigten Herkunftsländern anrichten, übersehen sollen.

• Für die christlichen Wirtschaftsparteien, die ihren christlichen Populismus schon im C-Parteinamen signalisieren, ebenso wie für die Arbeitgeberverbände und ihre wirtschaftsabhängigen Medien, die eine christlich linke Flüchtlingspolitik vehement unterstützen, liegen die Motive ebenso auf der Hand: Sehen sie doch darin die Chance, billige Fremdarbeiter, vielleicht sogar einige Fachkräfte ins Land zu holen, Ausbildungskosten zu sparen, die Arbeitslosigkeit in Deutschland hoch und Lohnniveau und Arbeitskrankenstand niedrig zu halten. Die zwangsläufig anfallenden hohen Integrationskosten ihrer Arbeitsmarktpolitik durch Zuwanderung, statt durch familien- und kinderfreundliche, existenzsichernde Arbeits- und Wirtschaftspolitik und Resozialisierung und Qualifikation von Millionen einheimischen Arbeitslosen, können sie ohnehin weitestgehend auf die Gesellschaft abwälzen.

• Auch für die US-Nato-Kriegsstrategie ist inhumane christlich- linke "Flüchtlingspolitik" ein Glücksfall und wird offen und versteckt unterstützt: Mit ihr werden Bürgerkrieg und Elend insbesondere im Nahen-Osten verlängert und wächst die Destabilisierung in den Herkunftsländern von Migranten, weil dort plötzlich die jungen Männer fehlen, die ihre Länder gegen IS und Nato-Angriffe verteidigen und wiederaufbauen sollen.

Umso mehr stellt sich dieses Buch die Frage, wie können jene, die soziale Gerechtigkeit, Humanität und Antifaschismus ganz groß auf ihre Fahnen geschrieben haben, mit Wirtschaft, Nato und christlicher Staatskirche eine gemeinsame "Flüchtlingspolitik" verfolgen? Wie können sie übersehen, dass Millionen Migranten in der Fremde noch unglücklicher, die totalitären Islamisten unter ihnen noch fanatischer werden müssen und das globale Elend immer größer wird?

Diese Frage ist umso relevanter geworden, als sie seit den Wahlergebnissen der letzten Jahre in ganz Europa zu einer Überlebensfrage für die *gesamte Linke* geworden ist. Denn christlicher Linkspopulismus in der Zuwanderungspolitik hat spätestens nach den illegalen Grenzöffnungen von 2015 einer gegengerichteten Rechten einen immensen Zulauf gebracht. Noch mehr seitdem die sozialen Folgen für jene immer sichtbarer geworden sind, die eine christliche "Willkommenskultur" im Alltag zu ertragen haben:

• Eine deutliche Zunahme gewalttätiger bis terroristischer Übergriffe von islamistischen Zuwanderern mit *migrationsneurotischer Symptomatik* und

• ein immer offensichtlicher werdender Verteilungskampf zwischen meist jungen männlichen Migranten und Ar-

mutsdeutschen (insbesondere Arbeitslosen, Geringverdienern, Armutsrentnern und Alleinerziehenden) um
Wohnraum, Niedriglohn-Arbeitsplätze, Sozialleistungen, Kinderbetreuungsplätze und Lebenspartnerinnen.

Obwohl diese sozialen Missstände von der christlichen Linken und ihren Medien ignoriert, umgedeu-
tet, verharmlost oder durch Ablenkungsmanöver verdrängt werden, haben migrationskritische Neoliberale
erdrutschartige Wahlerfolge europaweit erzielen können. Insbesondere dort, wo, wie im Osten Deutschlands, der Einfluss christlicher Almosen-, Schuld- und
Feindesliebe-Ideologie seit Jahrzehnten am geringsten
ist. Dies obwohl neoliberale Antimigrationsparteien
über kein für ihre Wählerschaft attraktives soziales
Programm verfügen und, wie christliche Linkspopulisten, keinerlei Lösungsansätze bieten, wie eine multikulturell gespaltene Gesellschaft auf friedlichem Wege
geeint und die Bedrohung durch islamistische Parallelgesellschaften auch ohne verstärkten Einsatz von Polizei und Justiz entschärft werden könnte. *Stattdessen signalisieren europäische Antimigrationsparteien sogar
Nähe gerade zu jenen neoliberalen und christlichen
Ideologien, die für eine christlich-populistische Migrationspolitik verantwortlich zeichnen!* Dennoch wan-
dern einstige Linke-Wähler zu ihnen ab, weil sie die
Einzigen sind, die aus Besitzstandswahrung, gesundem
Selbstbehauptungswillen, konservativer Grundhaltung
und fehlender christlicher Schuld- und Büßermentali-
tät die sozialen und fiskalischen Folgeprobleme einer
ohnehin inhumanen und global ungerechten "Flücht-

lingspolitik" offen benennen. Sie sind für viele säkulare und antifaschistische Linke plötzlich als kleineres Übel wählbar geworden, weil sie sich wenigstens zur Notwendigkeit innerer Sicherheit durch unverletzliche nationale Außengrenzen bekennen und den Zustrom von antidemokratischen Islamisten konsequent stoppen wollen.

Gar nicht auszudenken, wie groß die Wahlniederlagen für die etablierten christlich-populistischen Parteien werden würden, wenn Antimigrationsparteien ihr neoliberales Profil ablegen und auch noch aufdecken würden, dass ihre christlich "linken" politischen Gegner ihrem viel beschworenen "humanitären Anspruch" nicht im Geringsten gerecht werden. Wenn sie erkennen würden, dass diese vielmehr dabei sind, eine immer größer werdende humanitäre und soziale Katastrophe unter Zugewanderten, in deren Herkunftsländern und unter der europäischen Bevölkerung anzurichten!

Mit diesem Buch verbindet sich zugleich die Hoffnung, dass dank wissenschaftlicher Überzeugungskraft die Linke wieder zu wirklicher sozialer Gerechtigkeit zurückkehrt und sie doch noch gerettet werden kann. Auch weil wir niemanden für seine religiös-politischen Irrtümer anklagen und er sich schuldig fühlen muss! Denn letztlich ist der Mensch aus psychologischer Sicht für uns leider nur ein Roboter, der so denkt, wie er nach seinem Informationsstand denken muss! Statt einen Andersdenkenden zu verurteilen, wollen wir uns der Psychologie bedienen, um ihn zu verstehen und ihn zu seinem und zum Wohle aller zu überzeugen.

18

1. Liebe macht blind - Nächstenliebe auch!

Zusammenfassung:

Seit der Verbürgerlichung der Linken bedient sie sich zur politischen Einflussnahme zunehmend christlicher Parolen von Selbstlosigkeit, Selbstunterwerfung und schuldbüßerischer Selbstgeißelung. Dieser christliche Linkspopulismus führt zu sozialer Ungerechtigkeit, Inhumanität und Irrationalität in allen Politikbereichen - seit 2015 insbesondere aber in der Zuwanderungs- und globalen Armutspolitik. Er verhindert eine global gerecht verteilte Hilfe für 1 Milliarde Notleidenden, weil er alle Mittel auf die christliche Almosenvergabe an Armutsflüchtlinge konzentriert. Er führt bei Migranten zugleich zu einer seelischen Dauerbelastung und neurotischen Symptomatik durch Heimatverlust, Verlust sozialer Beziehungen, Arbeitslosigkeit, innere multikulturelle Konflikte, rassistische Minderwertigkeitsgefühle, religiöse und sexuelle Frustrationen usw., die im Falle ihrer seelischen Bewältigung durch eine islamistische Radikalisierung zu selbst- und fremdgefährdendem Verhalten führen können.

Am 4.7.2018 äußerte sich der Fraktionsvorsitzende der Partei "DIE LINKE" Dietmar BARTSCH vor dem deutschen Bundestag mit den folgenden Worten zum Thema Zuwanderung:

„Gerade beim Thema Flüchtlinge ist es umso bitterer, dass die CSU jegliche Nächstenliebe und jeglichen christlichen Anspruch aufgegeben hat.

Sie hätten doch auch Jesus mit einem Lächeln abgeschoben.

Ich will aus Jesaja 58 zitieren:

„Brich dem Hungrigen dein Brot, und die im Elend ohne Obdach sind, führe ins Haus!"

Als Linker erinnere ich Sie sehr gern daran: Die Bibel kennt keine guten und schlechten Fluchtgründe. Sie kennt nur Menschen in Not, und sie kennt nur Hilfe. Das schreiben Sie sich als christliche Parteien bitte mal hinter die Ohren."

DIETMAR BARTSCH (https://www.dietmar-bartsch.de/2018/07/04/dietmar-bartsch-das-c-in-cducsu-steht-fuer-chaos/)

Egal ob BARTSCHs religiös programmiertes Gehirn aufgrund christlicher Sozialisation auch politische Denkfehler verursacht und er deshalb die Migrationspolitik zu einem christlichen Gottesdienst umfunktionieren muss oder ob er, wie es seit Jahrtausenden politische Eliten schon immer getan haben, eine politische Ideologie als höheren göttlichen Auftrag dem Volk vermitteln will, wir haben es hier in aller Deutlichkeit mit dem Versuch zu tun, mit einer "linken" Variante des christlichen Populismus andere politisch zu überzeugen. Würden wir diesen Glaubenskrieg unter linken und rechten christlichen Populisten über die einzig "rechtgläubige Migrationspolitik" ernst nehmen und uns auf die Suche nach Bibelstellen machen, aus denen der LINKE-Fraktionsvorsitzende seine politischen Forderungen für das Jahr 2018 evtl. abgeleitet haben könnte, müssten wir allerdings erfolglos bleiben: In der Bibel wird sich keine christliche Handlungsanweisung finden für die Notlage von über 1 Milliarde Menschen, die 2018 weltweit unter Armut und Krieg zu leiden hatten und von denen die meisten zu alt, zu krank und zu arm waren, aus ihrem Elend zu christlich-linken Samaritern nach Deutschland flüchten zu können.

Oder findet sich in der Bibel vielleicht doch noch eine Geschichte, auf die sich der "linke"-Fraktionsvorsitzende berufen könnte? Die Geschichte von der Speisung der Fünftausend aus Johannes - Kapitel 6 könnte ja vielleicht passen. Wo fünftausend Notleidende gesättigt werden können, können durch ein deutsches Wunder sicher auch 1 Milliarde Menschen dank christlicher Nächstenliebe gesättigt werden! Allerdings müsste der Inhalt der biblischen Geschichte für einen christlichen Linken dann doch noch etwas angepasst werden:

Die Speisung der Fünftausend
(eine biblische Geschichte aus Johannes - Kapitel 6 in
der Neufassung von CDU/CSU, SPD, die GRÜNEN,
FDP und Linkspartei 2015)

(1) Jesus aber ging hinauf auf den Berg, zu sehen, wie viele Notleidende ihm seiner Wunder wegen schon gefolgt waren. Als er seinen Blick senkte sah er hinab auf Tausende Arme und Elendige, die sich im Tale versammelt hatten und seiner Hilfe harrten.

(2) Da sprachen seine Jünger zu ihm: „Die Menschen im Tal sind von ihrem Marsch noch hungriger geworden, oh Herr, Sollten wir nicht hinabsteigen, um sie mit unseren Gerstenbroten und Fischen zu nähren?" Jesus aber antwortete: „Was sorgt ihr euch? Lasset die Menschen nur hungern! Wenn sie genug gelitten haben, werden sie sich schon von selbst zu uns auf den Weg machen, um gesättigt zu werden."

(3) So kam es, dass nur einige junge Männer sich auf den gefährlichen Weg hinauf zu Jesus auf den Berg machten und nicht wenige von ihnen auf dem beschwerlichen und gefährlichen Pfad zu Tode stürzten.

(4) Jene aber, die die gefährliche Flucht überstanden, wurden von Jesus und seinen Jüngern herzlich willkommen geheißen. In freudiger Nächstenliebe nährten sie sie mit dem Wenigen, das sie hatten und sich auf wundersame Weise in ihren Händen vermehrte.

(5) Doch kaum war der Hunger der Ankömmlinge fürs Erste gestillt, wich ihre Dankbarkeit einem seltsamen Unmut. Wut stieg in ihnen auf über die Mühen, die sie für die wenige Speise hatten auf sich nehmen müssen, wo ihnen doch im Tal ebenso und allen hätte gehol-

fen werden können. Sie fühlten sich schuldig, weil sie als einzige genährt worden waren und sie die Frauen, die Kinder, die Alten, die Kranken und alle Schwachen im Tal hungrig zurück gelassen hatten. Auch vermissten sie immer wehmütiger ihre Familien, ihre Freunde und ihre Heimat am Fuße des Berges.

(6) Jesus aber, der diese Bitternis und die Unruhe seiner Jünger darüber sehr wohl bemerkte, sagte: "Meine Jünger, sorgt Euch nicht! Tun wir nicht Gutes? Befolgen wir nicht Gottes Gebot der Nächstenliebe indem wir die lieben, die uns am nächsten sind? Also lasst die im Tal nur verhungern, Gott wird wissen, warum er ihnen die Gabe verwehrt hat, sich zu uns auf den Berg zu flüchten!"

Vielleicht sollte der Fraktionsvorsitzende der LIN-KEN mehr auf den Volksmund hören. Der hat sehr klug erkannt, welchen Denkfehlern der Mensch unterliegen kann, wenn sein Gehirn, wie das eines "linken" Fraktionsvorsitzenden, unter heftigen Gefühlen zu sehr auf bestimmte (z.B. religiöse) Wünsche und Phantasien fixiert ist. Einfach und treffend stellt der Volksmund fest: *„Liebe macht blind!".* Sieht man sich an, was derzeit in Europa und ganz besonders in Deutschland geschieht, muss man wohl ergänzen: *„Liebe macht blind und christliche Nächstenliebe macht auch noch taub dazu!"* Sie macht offensichtlich blind und taub für die Hilferufe der Ertrinkenden, die aus "Nächstenliebe" mit falschen Versprechungen zur Flucht aufs Meer gelockt werden. Zu Zehntausenden ergeht es ihnen nicht anders als einem Kind, das von der Mutter aus blinder Mutterliebe über eine viel befahrene Straße zu sich gerufen wird und dabei unweigerlich der Lebensgefahr ausgesetzt ist, von einem Auto überfahren zu werden. Wie würden wir wohl über eine Mutter denken, die durch ein solches Verhalten eines ihrer Kind schon verloren hat und trotzdem nochmals am Straßenrand steht und einem Kind auf der anderen Straßenseite zuruft, es solle doch zu ihr kommen? Würden wir der Mutter wegen fahrlässiger Tötung das Sorgerecht entziehen oder sie für eine besonders "liebe Mutter" halten?

Blind und taub sind christliche "Linke" aber allem Anschein nach auch für das Elend von 1 Milliarde Notleidender auf der Welt, die niemals zu ihren christlichen Samaritern werden flüchten können, weil sie zu alt, zu krank oder zu arm sind, kriminelle Schlepperbanden dafür bezahlen zu können. An ihnen vollziehen die "Fluchthelfer" einen klammheimlichen Völkermord und erwähnen sie nur noch in Sonntagsreden, wenn wieder einmal der Klingelbeutel für die "flüchtende" Oberklasse von Notleidenden gefüllt werden soll.

Noch mehr als es ihnen ihre 2000 Jahre alte christliche Selbstunterwerfungsideologie aus römischen Besatzungszeiten ohnehin schon vorschreibt, scheinen sich also die Anhänger, Funktionsträger und politischen Vertreter eines christlichen Linkspopulismus in eine erblindende "Nächsten- und Feindesliebe" zu flüchten. Dies tun sie nicht nur, weil sie ihre ängstlichen religiösen Selbstzweifel durch noch blindere christliche "Nächstenliebe" beruhigen müssen, wenn sie sehen, wie dagegen weltweit der Islamismus von Milliarden Menschen inbrünstig angebetet und gelebt wird. Kirchenfunktionäre scheinen zugleich die einmalige Chance zu wittern, durch vorgelebte islamistische Religiosität bei ihren abhanden gekommenen christlichen Schäfchen die gleichen Todes- und Höllenängste entfachen zu können, um sie in ihre Amtskirchen zurückzutreiben. Dass sie dann auch die seelsorgerische Nachbetreuung nach islamistischen Gewaltakten übernehmen müssen, lässt sie immer noch nicht an ihrer Feindesliebe zweifeln, sondern bestätigt für sie eher die Sinnhaftigkeit ihrer christlichen Wohltaten.

- Merkmale eines christlichen Gottesstaates -

•Personelle Einheit von Kirche und Staat: Nahezu alle wichtigen politischen Ämter sind durch christliche Funktionsträger, ehemalige christliche Funktionäre oder zumindest von christlich sozialisierten Politikern besetzt. Der Staat treibt für die christlichen Staatskirchen Mitgliedsbeiträge ein ("Kirchensteuer"), bildet Kirchenbedienstete aus und vergibt an die Staatskirche Einfluss auf Kindererziehung, Gesundheitsversorgung und seelische Betreuungen aller Art.

•Christliche Indoktrinierung: Vermittlung eines christlichen Schuld- und Sühnedenkens, von Höllenängsten und Paradiesphantasien usw. von Kindheit an in Kindergärten, Schulen ("Religionsunterricht") und durch spezielle christliche Initiationsriten ("Kommunion" bzw. "Konfirmation").

•Christliche Parteien: Es existieren explizit sich "christlich" nennende Parteien, die sich politische Vorteile dadurch verschaffen, dass sie ihre politischen Forderungen populistisch als "göttlichen Auftrag" und christliche Religionsausübung darstellen.

•"Christliche Scharia": Das Justizsystem basiert auf einem christlichen Schuldprinzip, das menschliches Fehlverhalten als "schuldhaftes", allein vom "Schuldigen" zu verantwortendes Verhalten definiert und durch Bestrafung, wie im Verhältnis zwischen dem "Sünder" und seinem Gott, gesühnt werden muss. Wissenschaftliche Erkenntnisse zu einer u.a. gesellschaftlichen Determinierung menschlichen Denkens, Fühlens und Handelns (z.B. durch soziale Ungerechtigkeit, Armut, Demütigungen) waren im vorwissenschaftlichen urchristlichen Denken unbekannt und werden bis heute nur soweit akzeptiert, wie sie christliche Gottesdienste (Almosengabe, Barmherzigkeit, Nächsten- und Feindesliebe) nicht durch sozial gerechtere Lebensbedingungen ersetzen (s. unten).

•Christliches Almosensystem: Soziale Gerechtigkeit (u.a. eine gerechte Verteilung von Arbeit und Lohn) zur Verwirklichung gleicher Lebenschancen für alle Menschen werden in einem christlichen Gottesstaat verhindert, weil sie erstens eine "selig machende", selbstquälerische, christliche Almosenvergabe und Aufopferungsbereitschaft gegenüber Entrechteten und deren Armut, Obdachlosigkeit, Sucht, Kriminalität usw. langfristig überflüssig und damit unmöglich machen würde und zweitens, weil sie die Machtallianz von Kirche und Staat und einer von sozialer Ungerechtigkeit profitierenden Wirtschaft belasten würde.

•Christliche Geschlechterapartheid: Nach den "heiligen" christlichen Schriften ist eine Gleichberechtigung von Mann und Frau nicht vorgesehen und führt bis heute z.B. im Katholizismus zu einem Ämterprivileg für Männer, ohne dass seitens des Staates und seiner Justiz darauf reagiert würde.

•Christlicher Kapitalismus: Selbstquälerische christliche Aufopferungsbereitschaft zur Erlangung von Sündenvergebung usw. motiviert zu mühevoller Arbeitsleistung bis hin zu einer kapitalistischen Ökonomie, in der unbewusst auch asoziales Habgierverhalten (u.a.

Ausbeutung und Verdrängung schwächerer Marktteilnehmer, Neokolonialismus, Waffenhandel) als selbstverzichtender christlicher Gottesdienst legitimiert ist.

·Christliche Feindesliebe: Das Verhältnis zu kultur- und religionsfeindlichen anderen Menschengruppen wird selbstkreuzigend und selbstgeißelnd durch christliche "Feindesliebe" bestimmt und deren Hassbekundungen gegen die eigene Gemeinschaft werden "barmherzig" verdrängt.

·Christliches Selbstbild: Das Verhältnis zur eigenen Gemeinschaft wird durch ein selbsthassendes Sünder-Selbstbild bestimmt, das nur im Gottesdienst, in kollektiver Selbstverachtung und Selbstgeißelung u.a. durch "Feindesliebe" Gemeinsamkeit zulässt.

- Merkmale eines islamistischen Gottesstaates -

·Explizite Gleichsetzung von Religion und Politik: Die politische Macht geht offen und ausschließlich von islamistischen Religionsführern aus. Die "heiligen" islamistischen Schriften sind verfassungsgebend und mit freiheitlich-demokratischen Verfassungen unvereinbar.

·Islamistische Indoktrinierung: Sie erfolgt im Sinne eines totalitären Gottesstaates mit unbedingtem Gehorsam,

Höllenängsten, Paradiesphantasien usw. von Kindheit an in allen häuslichen und öffentlichen Lebenswelten, u.a. in autoritär geführten, verpflichtenden Koranschulen und durch spezielle islamistische Initiationsriten, die u.a. die Religionszugehörigkeit männlicher Kinder und Jugendlicher unveränderlich körperlich markieren (Beschneidung).

•Islamistische Scharia: Das Justizsystem basiert wie das christliche auf dem alttestamentarischen und koranisch übernommenen Schuldprinzip, das menschliches Fehlverhalten als "schuldhaftes", nur vom Schuldigen gegenüber dem arabischen Gott zu verantwortendes Verhalten definiert und nach einem "göttlich offenbarten" Strafgesetzbuch (Scharia) zu bestrafen ist. Wissenschaftliche Erkenntnisse zu kriminellem Verhalten lagen zu Zeiten der Entstehung des Islamismus im 8./9. Jahrhundert nicht vor. Eine eventuelle gesellschaftliche Determinierung menschlichen Fehlverhaltens (z.B. durch soziale Ungerechtigkeit, Armut, persönliche Schicksalsschläge) wird aufgrund der angenommenen Unfehlbarkeit "göttlicher" Strafgesetze bis heute ausgeschlossen.

•Islamistisches Almosensystem: Gleiche Lebenschancen für alle Menschen sollen auch im islamistischen Gottesstaat nach alttestamentarischem Vorbild lediglich durch ein Almosensystem (u.a. Almosensteuer) und nicht durch fundamentale soziale Gerechtigkeit erreicht werden, um an traditionellen biblischen Vorbildern und der Möglichkeit zur

Sündenvergebung durch Spenden festhalten zu können.

·Islamistische Geschlechterapartheid: Nach den "heiligen" islamistischen Schriften ist eine Gleichberechtigung von Mann und Frau nicht vorgesehen und führt bis heute zu einer rassistischen Benachteiligung von Frauen u.a. im Erbschaftsrecht, Eherecht und bei der Abwehr sexueller Übergriffe, die allein Frauen durch Verhüllungsvorschriften nicht aber Männern durch Respekt gegenüber Frauen abverlangt wird.

·Demotivierende Schicksalsgläubigkeit: Die unbedingte religiöse Unterwerfung nach "göttlichem Befehl und menschlichem Gehorsam" führt zu einem Verlust allgemein menschlicher und ökonomischer Selbstinitiative und zu einer Kultur der Schicksalsgläubigkeit, die eine ökonomische wie kulturelle Fortentwicklung behindert.

·Islamistisches Selbstbild: Die eigene Gemeinschaft ("umma") wird als arabisch-nationale Einheit aller "Rechtgeleiteten" erlebt und ist mit Größenphantasien und dem überhöhten Stolz auf die eigene religiöse Identität verbunden ("Ehrgefühl").

·Islamistisches Feindbild: Das Verhältnis zu kultur- und religionsfremden Menschengruppen ist durch einen expansiven imperialistischen und faschistischen Machtanspruch gekennzeichnet (s. entsprechende Koran-Suren). Eigene Siege werden als göttliche Belohnungen in einem "heiligen Krieg" gegen "Ungläubige", Friedensbekundungen des Feindes als Zeichen seiner gottgewollten Schwäche ausgelegt.

Aber auch kirchenabtrünnige Möchtegernlinke, meist noch in christlicher Schuld- und Selbstlosigkeitsideologie erzogen, möchten sich gerade ihrer Kirchenaustritte wegen für Sündenvergebung und Seelenheil umso nächstenlieber präsentieren. Sie machen in der "Flüchtlingspolitik" mit der Kirchenhierarchie plötzlich gemeinsame Sache, obwohl sie sie doch eigentlich wegen ihres einstigen päpstlichen Reichskonkordats mit Hitler und anderer machtpolitischer Verfehlungen in der Kirchengeschichte verdammen.

Die christlichen Nächstenliebenden sind jedoch nicht die einzigen, die blind "Flüchtlinge" ins seelische Verderben stürzen und andere und sich selbst zu Opfern fluchtneurotischer Migrantengewalt machen. Sie erhalten Unterstützung von jenen Opferpersönlichkeiten in Parteien und Nichtregierungsorganisationen, die ihres eigenen persönlichen Schicksals wegen anderen immerfort und in irrationaler Weise helfen *müssen*. Ihr *Helfersyndrom* zwingt sie, anderen zu helfen, um sich selbst zu helfen. Sie werden beim tatsächlichen oder vorgestellten Leid anderer unweigerlich an ihr eigenes erlittenes Leid erinnert. In ihnen werden bei den Meldungen über "Flüchtende" und das Armuts- und Kriegselend in deren Heimat so sehr eigene erlittene Qualen wieder wach, dass sie in der Erinnerung daran heftigst in eine *Mitleidskrise* geraten. Umso mehr verspüren sie den Drang, in ihrem Mitleid, das letztlich ein *Selbstmitleid ist,* durch die Hilfe für andere auch sich selbst noch einmal aus allem Leid zu erretten und sich zugleich zu vergewissern, dass die eigene

Leidenszeit wirklich vorüber ist. Dazu wollen sie immer wieder erleben, dass sie vom ehemals leidenden, schwachen Opfer zum starken, überlegenen Helfer geworden sind. Ihr Helfen soll gleich auch noch der Dank sein für die von anderen vielleicht einst in großer Not erfahrene Hilfe. So werden die (selbst-) mitleidigen Opferhelfer zu einer derart grenzenlosen und bedingungslosen Hilfe verleitet, dass sie mitleidsneurotisch sich selbst, ihren tatsächlichen oder vermeintlichen Leidensgenossen und auch Dritten, die sie zu irrationalem Mithelfen zwingen, allergrößten Schaden zufügen - ja ihnen geradezu in den Tod helfen, wenn sie dabei ertrinken müssen oder jene in der Ferne verhungern oder an vermeidbaren Krankheiten sterben müssen, denen von ihnen nicht geholfen wird.

Gerade so ergeht es "Flüchtlingen", denen linke Samariter aus irrational überbordendem Mitleid und/ oder blinder christlicher "Nächstenliebe" nicht in ihrer Heimat Hilfe zukommen lassen - gemeinsam mit deren mindestens ebenso leidenden Landsleuten - ihnen keine heimatnahen Schutzzonen einrichten und sich auch nicht für Frieden und Wohlstand für *alle Notleidenden* einsetzen. Es gibt ihnen ein freudigeres, stolzeres Gefühl christlicher Pflichterfüllung, wenn sie den "flüchtenden Leidensgenossen" blindlings den egoistischen Wunsch nach alleinigem Wohlstand auf Kosten ihrer Landsleute erfüllen können. Sie locken sie lieber mit falschen Versprechungen aus ihrer Heimat in die Fremde, in die Heimatlosigkeit, in die Arbeitslosigkeit, in die Perspektivlosigkeit, in den "sündigen" Aufenthalt in der

"Heimstatt des Unglaubens", in den Verrat am eigenen Vaterland und an ihren Landsleuten, die sie in Krieg und Elend zurücklassen, nur um sie am Wohlstand der reichen "ungläubigen" Nato-Kriegsverbrecher, Ex-, Neo-Kolonialherren und Waffenschieber teilhaben zu lassen.

Da kann es nicht verwundern, dass es allen diesen blinden Fluchthelfern auch an der nötigen Wahrnehmung der Realität und dem psychologischen Wissen fehlt, um zu erkennen, in welchem Seelenzustand sich die Empfänger ihrer blinden "Nächstenliebe" und ihres blinden Mitleids eigentlich befinden und was sie bei ihnen mit ihrer selbstquälerischen christlichen Aufopferung in Wirklichkeit anrichten. Sie wollen nicht wahrhaben, dass ihre Schützlinge massenhaft Anzeichen einer fortschreitenden *Migrationsneurose* zeigen, je länger sie ohne Heimat, ohne Arbeit, ohne Zukunft unter lauter "Ungläubigen" ihre Heimat, Religion und Kultur verraten müssen. Zur eigenen seelischen Stabilisierung verharmlosen, relativieren und verdrängen christliche Sozialhelfer deren islamistisch aufgehetzte Gewaltsymptomatik, die ganz Europa mittlerweile in eine permanente Gefahrenlage gebracht hat. Wen kann es da überraschen, dass darüber die Unruhe in der Bevölkerung und der Widerstand gegen eine immer fragwürdiger erscheinende Zuwanderungspolitik blinder "Nächstenliebe" immer mehr anwachsen.

Deshalb hat das deutsche Bundeskriminalamt von der für diese Gefahrenlage verantwortlichen Politik denn auch den Auftrag erhalten, die Bevölkerung zu beruhigen. Als Resultat wurde 2017 vom BKA eine Art "Gefährder-Früherkennungssoftware" namens "Radar-iTE" präsentiert. Sie soll zur angeblichen "Gefahrenabwehr" mit einem Computer-Fragenkatalog 73 Merkmale von möglichen Gefährdern erfassen können (u.a. deren Sozialisation und Haltung zu Gewalt, aber auch gefährdungsreduzierende "Schutzfaktoren", wie familiäre Bindungen, gute soziale Integration oder ein sicherer Arbeitsplatz). Selbst wenn Radar-iTE wirklich alle persönlichen Motivlagen von „potentiell destruktiven Tätern" (BKA) im Bereich des islamistischen Terrorismus vollständig erkennen würde, kann die Software grundsätzlich nur bei jenen Personen ein Gefahrenpotential erfassen, die in irgendeiner Form auch bereits wegen islamistischer Gewaltbereitschaft auffällig geworden sind und deshalb analysiert werden können. Sie verbessert aber auch deshalb nicht die Gefahrenprävention, da sie, wie im Falle Anis Amri (vgl. WIKIPEDIA, 2016), lediglich zu einer real nicht durchführbaren und juristisch-psychiatrisch wirkungslosen Überwachung des *neurotisch-psychotisch aggressiven Gefährders* führt (s. u.a. Frankreich: Mordanschläge in Fußfesseln!). So kommt es, dass niemand die psychologisch offensichtliche mörderische Fremdgefährdung rechtzeitig durch eine psychiatrische Zwangseinweisung des Gefährders verhindert. Auch gewährt niemand dem Gefährder selbst, notfalls auch gegen dessen Willen, psychotherapeutische Hilfe, die ihm wegen seiner erkennbaren suizidalen Eigengefährdung als potentiellem Selbstmordattentäter eigentlich zustünde. Stattdessen warten Polizei, Justiz und eine christlich tolerante und zugleich fachlich überforderte Psychiatrie in unverantwortlicher Weise ab bis neurotisch-psychotische Gefährder endlich wegen konkreter Tatvorbereitungen oder vollendeter Verbrechen juristisch belangt werden können. Leider ist es dann aber für Tausende von Opfern zu spät, die bei impulsiven Messerattacken bis hin zu geplanten Terroranschlägen in ganz Europa schon getötet, verletzt und vergewaltigt wurden. Die Folge ist eine die Bevölkerung traumatisierende Terrorlage in Europa, die Frankreich bereits mit einem Einsatz des Militärs im eigenen Land (!) beantworten musste.

Bei einem Teil der europäischen Bevölkerung scheint dieser Kriegszustand und seine permanente Lebensbedrohung gar zu einer angstneurotischen Symptomatik mit seltsamen seelischen Bewältigungsversuchen geführt zu haben. Erkennbar ist dies an kognitiven Abwehrmechanismen, wie der gedanklichen Flucht in die Verharmlosung durch Aufzeigen einer angeblichen (z.B. lukullischen) "Kulturbereicherung" durch Gefährderkulturen (auch wenn diese ebenso ohne Zuwanderung erreichbar wäre), die Relativierung der Bedrohung durch die Benennung noch "viel schlimmerer Bedrohungen" oder die völlige Verdrängung einer Bedrohungslage durch die Flucht in möglichst realitätsfernen Medien- und Suchtmittelkonsum, in heile Heimatphantasien (s. Volksmusik-Boom, Heimatfilme, Heimatvereine) oder religiöse Errettungs- und Schutzphantasien, die durch praktische "Nächsten- und Feindesliebe" ("Willkommenskultur") an den möglichen Bedrohern göttlichen Schutz herbei holen sollen. Hier hoffen denn auch gerade die christlichen Staatskirchen ihre Gottesdienstleistungen anbieten und an öffentlicher Wertschätzung bei der terrorisierten Bevölkerung gewinnen zu können und unterstützten auch deshalb bewusst oder unbewusst eine Politik der grenzenlosen und unkontrollierten Zuwanderung.

Ein Teil der terrorisierten Bevölkerung entwickelt paradoxer Weise nach und nach sogar Sympathien für die eigenen Bedroher, ihre Sitten, ihre kulturellen Gepflogenheiten, ihre Religiosität usw. und lässt diese Affinität auch z.T. in eine entsprechende "Willkommenspolitik" einfließen. Angesichts der empfundenen Machtlosigkeit des demokratischen Staates gegen eine wachsende terroristische Bedrohung erscheint vielen Menschen, insbesondere "rot-grünen" Politikanhängern, der gesellschaftliche Frieden unbewusst nur noch durch die eigene Selbstunterwerfung unter den Machtanspruch der fremden Kultur wieder herstellbar. Jede Anpassung an den Willen und die Kultur der Bedroher wird hier als emotional entlastend erlebt. Die Hoffnung, Islamisten würden sich mit Terrorverschonung als Gegenleistung für Unterwerfung bedanken, motiviert geradezu zwanghaft zu noch mehr angstlösender Zwangssympathie, wie sie auch dem sog. *Stockholm-Syndrom* zugrunde liegt (s. unten). Nächstenliebes Unterwerfungsverhalten und Sympathiebekundungen nehmen umso mehr zu, als sie nach christlicher Sozialethik auch noch Sündenvergebung und göttlichen Schutz versprechen (s. oben).

Nur relativ wenige in einem solchermaßen unterwürfigen *christlichen Gottesstaat* wagen es, sich ihre Ängste einzugestehen und offensiv ihre verfassten Freiheitsrechte zu verteidigen. Sie wagen eine Gegenwehr, wie sie in der Vergangenheit auch andere indigene Völker versucht haben, die ganz und gar nicht eine Bedrohung ihrer kulturellen Identität durch Zuwanderer aus fremden Kulturen hinnehmen wollten. So spiegeln sich im ungeschminkten Kolonialismus früherer Jahrhunderte sowohl die seelischen Probleme umherziehender "Welteroberer" als auch jene ihrer Opfer, in deren Lebensraum sie eingedrungen waren. Ein Beispiel für eine identitäre Gegenbewegung gegen die Zumutungen einer ausbeuterischen Überfremdung geben so auch die Ureinwohner Hawaiis.

Die Kolonialisierung Hawaiis begann mit den "Entdeckungsreisen" von James Cook und musste für diesen tragisch enden. Er hatte schon zwei ausgedehnte Südsee-Expeditionen hinter sich, als er im Juli 1776 zu seiner dritten großen Fahrt aufbrach. Am 18. Januar 1778 stieß der Engländer mitten im Pazifik auf mehrere von Menschen bewohnte Inseln, das heutige Hawaii, dem er zu Ehren des britischen Marineministers Lord Sandwich gleich den Namen „Sandwich Islands" gab.

„Nie zuvor sah ich Indianer in solchem Maße erstaunt beim Betreten eines Schiffes", schrieb Cook damals in sein Logbuch, nachdem Ureinwohner der Insel sein Schiff besucht und für ihn seltsame Verhaltensweisen an den Tag gelegt hatten. Wie sich später hausstellte, hielten die Einheimischen ihn für ihren Gott „Lono", von dem sie glaubten, dass er eines Tages, wie ein Messias, über das Meer zu ihnen kommen werde. Cook berichtet in seinem Logbuch: "Desselben Augenblicks, da ich den Strand betrat, fielen sie alle auf ihre Angesichter nieder und verweilten in jener unterwürfigen Haltung, bis dass ich Zeichen gab, sich zu erheben." Weil die Einheimischen in ihrer Kultur, die von sozialer Gleichheit und für alle ausreichendem Wohlstand geprägt war, auch keinen ausgeprägten Eigentumsbegriff hatten, nahmen sie sich bei ihrem Besuch an Bord des Schiffes als Andenken an ihren "Heiligen" ein Senkblei samt Leine mit. Cook allerdings, als Vertreter einer Eigentumskultur, in der die Reichen sich vor den legitimen Ansprüchen der Armen mit staatlicher Gewalt schützen lassen mussten, interpretierte das jedoch erbost als Diebstahl.

Währenddessen genossen die Matrosen noch das Leben und die ausgeprägte Willkommenskultur ihrer Gastgeber einschließlich der Schönheit der auch sexuell sehr gastfreundlichen Südseeinsulanerinnen. Denn mehrere Hundert Männer mussten von weltoffenen Gastgebern nicht nur mit Essen und Trinken, sondern auch mit Sex versorgt werden. Dann setzte Cook, mit frischem Wasser und Proviant versorgt, seine Reise nach Norden fort. Er durchquerte die Beringstraße bis ins Nordpolarmeer, musste aber aufgeben, weil ihm das Packeis den Weg unmöglich machte. So kam es, dass Cook zu "seinen" Sandwich Islands zurückkehrte, um dort zu überwintern.

Im Januar 1779 ging er in der Kealakekua-Bucht auf der Hauptinsel vor Anker. Zunächst jubelten ihm die Einheimischen auch wieder zu. Doch allmählich, je mehr die Seeleute die Willkommenskultur der Haiitianer ausnutzten und Konflikte unvermeidlich waren, wandelte sich die Stimmung. Cook legte wieder ab, um die Gegend näher zu erkunden, sah sich aber schon bald gezwungen, zur Insel zurückzukehren, weil der Fockmast bei einem Sturm zerborsten war. Aus dem einstmaligen "Gott" war für die Eingeborenen plötzlich ein jämmerlicher Schiffbrüchiger geworden, der erneut mit seinen Schiffsmigranten sich auf der Insel niederlassen wollte und auch noch hilfsbedürftig, wie kein "Gott" es sein konnte, auf sie angewiesen war. So nahm der multikulturelle Konflikt zwischen den migrantischen Eroberern und den Einheimischen, die seit Generationen auf der Insel ihre friedliche Heimat gehabt hatten, an Fahrt auf. Die Seeleute hatten die Gastfreundschaft der Eingeborenen schlichtweg überstrapaziert und die Willkommenskultur insbesondere der einheimischen Männer hatte ihre Grenze erreicht. Nicht länger wollten sie all die fremden Männer mit Nahrung, Wasser und Sex versorgen.

„Der Tod James Cooks auf Hawaii" (Kupferstich von John Webber, der die damaligen Ereignisse verfälscht aus Sicht der englischen Kolonialmacht darstellt.)

In der Nacht vom 13. auf den 14. Februar 1779 wurde aus dem multikulturellen Verteilungskonflikt zwischen Einheimischen und Eindringlingen schließlich ein offener Krieg. Eines der Beiboote war gestohlen worden und als Cook kurzerhand die Tochter des Inselkönigs entführen und auf seinem Schiff als Geißel zur Herausgabe des Bootes einsperren ließ, kam es zu einem Aufstand der Einheimischen. Bei Handgreiflichkeiten verlor Cook schließlich die Nerven und schoss in die Menge. Ein Hawaiianer stieß ihm daraufhin einen Dolch in die Schulter und Cook fiel ins Wasser. Er wurde von Ureinwohnern untergetaucht und schließlich erschlagen.

Dennoch folgten ihm bald die ersten Siedler, die sich auf der Insel ein besseres Leben erhofften. Mit ihnen kamen aber auch die ersten Krankheiten, die Tausenden Menschen später das Leben kosteten. Es kamen die Missionare, die ihre Religion und Kultur auf der Insel mit paradiesischem Zuckerbrot und höllischer Peitsche verbreiteten und bei den Siedlern in der Fremde zugleich für religiöse Heimatgefühle sorgten.

Die Haiitianer hatten angesichts der gewalttätigen Überlegenheit der Eindringlinge keine andere Wahl, als sich den Fremden anzupassen. So wurde aus einer autarken, blühenden Gesellschaft mit glücklichen Menschen, wie überall wo die Kolonialherren einwanderten, Abhängige, die ihrer eigentlichen Identität entfremdet worden waren. Nachdem sich Jahrhunderte später die kolonialen Eindringlinge und Ausbeuter endlich zurückgezogen hatten, standen die in Abhängigkeit gebrachten, entschädigungslos gebliebenen Einheimischen plötzlich vor den Trümmern ihrer zerstörten Kultur und den Resten einer zerfallenen Kolonialherrschaft. Am Ende mussten sie sich auch noch den Hohn der ehemaligen Kolonialherrscher anhören, die sie schadenfroh als "Shithole"-Länder titulierten und sie bewusst in ihrem postkolonialen Elend alleine ließen. Erleichterte doch ein Staatschaos in den ehemaligen Kolonien einen Neokolonialismus, um an deren Rohstoffquellen und billige Arbeitskräfte durch Zuwanderung heranzukommen.

(siehe dazu den Kupferstich von John Webber „Der Tod James Cooks auf Hawaii", der die damaligen Ereignisse verfälscht aus Sicht der englischen Kolonialmacht darstellt. John Webber war offizieller Maler der dritten Cookschen Expedition. Webber sollte die Reise in Skizzen und Gemälden streng nach Anweisung von Cook "dokumentieren". Cook sagte einmal zu Webber: „Über der Wahrheit steht die Staatsraison." So durfte auf Bildern zum Beispiel die entführte Hawaianische Prinzessin nicht in Geiselhaft in ihrer Kajüte gezeigt werden, wie Webber das wollte, sondern huldvoll lächelnd, als sei auch sie den englischen Eindringlingen untertänigst gesonnen. Mehr Widerstand leistet der Schiffsarzt Anderson gegen Cooks

Vorstellungen von einem glorreichen Kolonialismus, der den "Wilden" ja schließlich auch die Segnungen einer "überlegenen" Zivilisation bringen würde. Anderson sah das Eindringen in den Lebensraum der Haiitianer kritischer und äußerte gegenüber Cook:

„Eigentlich könnte man meinen, haben die Insulaner schon alles, was sie brauchen. Sind wir nicht im Grunde genommen Störenfriede? Sie wissen doch, Sir, dass wir nebst unseren Errungenschaften auch unsere - sagen wir - Unzulänglichkeiten exportieren. Das macht mir als Arzt zu schaffen. Ich habe Insulaner mit großen syphilitischen Geschwüren getroffen, Sir. Tertiäres Stadium, das zum Tod führt. Sehr unschön. Die Seuche hat sich innerhalb von vier Jahren, seit unserem letzten Besuch, explosionsartig verbreitet."

(zitiert nach: http://www.deutschlandfunk.de/mythos-mit-makeln.700.de.html?dram:article_id=84046
Rezension zu Lukas Hartmann (2009): „Bis ans Ende der Meere: Die Reise des Malers John Webber mit CaptainCook", DiogenesVerlag)

Um die seelische Situation von Zuwanderern besser zu verstehen, wird uns insbesondere die Fallgeschichte von Fardeen A. später beschäftigen. Er war im Gegensatz zu vielen anderen islamistisch radikalisierten Migranten ein gut integrierter, familiär bestens eingebundener, alle nur erdenklichen BKA-"Schutzfaktoren" aufweisender Zahnarzt mit afghanischen Wurzeln. Seine *Migrationsneurose* und seine sich daraus erge bende *neurotisch-psychotische Gefährder-Entwicklung* endete 2014 religiös-wahnhaft mit einem Doppelmord an den eigenen Kindern. Die psychologische Analyse dieser und anderer Fälle wird zeigen, dass ohne ein Grundverständnis religiöser Migrationsneurosen die derzeitige polizeiliche "Gefährderabwehr" nur ein politisch verordnetes Täuschungsmanöver sein kann. Denn Hunderttausende, wenn nicht Millionen Migranten in Europa sind von ihr mehr oder weniger betroffen. Jeder von ihnen kann in einen Seelenzustand auf dem Kontinuum zwischen Migrationsneurose und -psychose zu einem islamistischen Gefährder werden - ob als global indoktrinierter und organisierter "Gotteskrieger" oder, wie im folgenden Falle, als einzeln kämpfender, spontaner Messermörder, der sich und andere gefährdet:

- Der Fall Ahmad A. -
"Das Leben im Westen entsprach nicht Ahmad A.s
Träumen
...Er stach in Hamburg auf Edeka-Kunden und Passanten ein — ein Mensch starb, sechs weitere wurden schwer verletzt. Zu Prozessbeginn lässt Ahmad A. ein Geständnis vorlesen... Er sieht anders aus als auf den Bildern direkt nach der Bluttat. Ahmad A. hat sich in der Untersuchungshaft einen dichten Bart wachsen lassen (Anzeichen einer islamistischen Radikalisierung unter autistischen, reizisolierten Haftbedingungen?, T.G.), er trägt

eine randlose Brille, der weite Rollkragenpullover ist dunkelblau. Als die Fotografen in den Saal drängen, schirmt er sein Gesicht nicht mit einem Aktendeckel ab, er blickt nur gen Decke, streicht sich durch den Bart, manchmal murmelt er ein paar Worte auf Arabisch. Bei der ersten Vernehmung, nur wenige Stunden nach den Messerstichen, hatte A. die Beamten aufgefordert, neben seiner Unterschrift noch vier weitere Worte zu vermerken: „Ja, ich bin Terrorist."

Die Bundesanwaltschaft wirft dem abgelehnten Asylbewerber Mord sowie versuchten Mord und schwere Körperverletzung in sechs Fällen vor. Am 28.Juli soll A. in einem Supermarkt im Stadtteil Barmbek Mathias P. mit einem Kochmesser mit 20 Zentimeter langer Klinge erstochen haben. Der 50-Jährige starb noch am Tatort. Danach verletzte A. laut Anklage einen weiteren Mann schwer, verließ dann den Supermarkt und attackierte auf der Fuhlsbüttler Straße fünf Personen.

Der mutmaßliche Attentäter von Barmbek ist geständig, gleich zu Beginn verliest sein Anwalt Christoph Burchard eine Erklärung seines Mandanten: Ahmad A. räumt alle Vorwürfe ein. Er habe unter großer innerer Anspannung gestanden und könne sich nicht an die genauen Abläufe erinnern (Wut-Angst-Symptome einer akuten neurotischpsychotischen Einstellungsreaktion, T.G.). Er habe vor einem „religiösen Hintergrund" gehandelt, der für ihn jedenfalls zur Tatzeit „grundsätzliche Bedeutung" gehabt habe. „Ich trage die Verantwortung und bekenne mich schuldig." ...Schon in den Vernehmungen beim Landeskriminalamt (LKA) hatte er die Taten gestanden. Konkret will der Angeklagte am Freitag jedoch nicht werden. Fragt der Vorsitzende Richter ihn nach seinem Alkohol- und Drogenkonsum, nach seiner wechselhaften Frömmigkeit, nach seiner Internetrecherche zu radikalen Organisationen, lautet die Antwort immer gleich: „Das möchte ich nicht beantworten."...

Fünf Meter von ihm entfernt sitzt der forensische Sachverständige Norbert Leygraf. Der Psychiater war in einem Gutachten vor Prozessbeginn zu dem Ergebnis gekommen, dass Ahmad A. voll schuldfähig sei. In seiner schriftlichen Einschätzung heißt es, bei dem 26-Jährigen seien keine psychischen Einschränkungen festzustellen, die die Tat am 28. Juli 2017 maßgeblich beeinflusst haben könnten...

Die Polizei hatte Anfang 2017 darauf verzichtet, den Mann, der mehrfach auffällig geworden war und als Islamist galt, eingehender psychologisch untersuchen zu lassen, obwohl der Verfassungsschutz dazu geraten hatte. Das Gutachten nach der Tat entlastet damit auch die Hamburger Behörden ("nur" neurotische Kriminalität, ist, obwohl ebenso eigen- und fremdgefährdend, für die Strafverfolgungsbehörden irrelevant, weil erst für jeden erkennbare wahnhafte Kriminalität Krankheitswert hat und sich nach dem Gesetz strafmildernd auswirkt, T.G.)

Die Frage der Schuldfähigkeit spielt bei der späteren Strafzumessung eine entscheidende Rolle. Ist ein Angeklagter nur eingeschränkt schuldfähig, mildert das in der Regel die Strafe (sollte aber die Haftzeit um die umso notwendigere Therapiedauer verlängern, T.G.)...

Am ersten Prozesstag sagen zwei Beamte des LKA aus... „Er war sehr stolz auf seine Taten", befindet der Beamte R., „er wollte sich als heldenhafter Terrorist präsentieren." Der Angeklagte habe in der Vernehmung gesagt, er hätte gerne noch mehr Menschen verletzt und getötet, sein Ziel seien Deutsche mit christlichem Glauben gewesen, möglichst Kinder und Jugendliche. Während der Vernehmung habe er einen Treueeid auf den IS geschworen. Die Anklage geht jedoch nicht davon aus, dass A. in islamistische Strukturen eingebunden war, er gilt als Einzeltäter, der sich einseitig als Teil des globalen Dschihad verstand.

Mit ihren Aussagen bestätigen die Beamten die Anklage. Der Angeklagte habe in der Vernehmung angegeben, sich erst wenige Stunden, bevor er den Supermarkt betrat, zur Tat entschlossen zu haben. „Er schilderte es als plötzlichen göttlichen Auftrag", sagt der Beamte R. Am Tattag war A. zur Ausländerbehörde gefahren und hatte nachgefragt, ob sein Pass schon angekommen sei. Er wollte in den Gaza-Streifen ausreisen. In der Behörde erreichte er nichts.

Auf der U-Bahnfahrt zurück zu seiner Unterkunft habe er sich am Bahnhof Barmbek zur Tat entschieden. Eine Art plötzlicher Radikalisierungsschub, dem mehrere Episoden vorausgingen. Ahmad A. habe im Internet viel Material zum IS gelesen, der Konflikt um den Tempelberg und die Al-Aksa-Moschee in Jerusalem habe ihn empört, so die Beamten. Und trotzdem: Es ist kein linearer Radikalisierungsverlauf, an dessen Ende zwangsläufig eine Bluttat steht, es gibt kein Netzwerk, keine Einflüsterer..."

https://www.welt.de/regionales/hamburg/article172434398/
Barmbeker-Messerstecher-Nach-goettlichem-Auftrag-stach-
Ahmad-A-zu.html#Comments

„Geboren wird A. als Kind einer palästinensischen Familie in den arabischen Golfstaaten, später siedelt die Familie in den Gazastreifen über, wo A. bis 2008 lebte. Der Nah-ost-Konflikt, die Auseinandersetzung zwischen Israelis und Palästinensern prägen seine Kindheit und Jugend, Freunde von ihm sterben während der Zweiten Intifada (2000–2005). A. selbst ist durchaus religiös, er besucht regelmäßig Moscheen, darunter auch solche mit salafistischer Prägung. Irgendwann in diesen Jahren muss sich bei A. die Überzeugung herausgebildet haben: Muslime in der ganzen Welt werden verächtlich gemacht und unterdrückt, besonders von Israel...

In den Tagen vor dem Attentat Ende Juli 2017 flammt der

48

Konflikt um den Tempelberg in Jerusalem wieder auf, nach mehreren Terroranschlägen erschwert Israel Muslimen den Zugang zur heiligen Al-Aksa-Moschee. Das wühlt A. auf. Er liest Artikel zu Messerattentaten auf Israelis, wird immer unruhiger. Am 28. Juli, dem Tag der Tat, nimmt er am Freitagsgebet in einer Moschee in der Fuhlsbüttler Straße teil, der Imam spricht in seiner Predigt über den Konflikt um die Al-Aksa-Moschee, ruft aber zur Versöhnung auf...

In den Wochen und Monaten vor der Tat war A. immer wieder ins Visier der Sicherheitsdienste geraten, das beschrieben auch der Innensenator und Polizeiverantwortliche in einer Sondersitzung des Innenausschusses. Mal berichtete ein Bekannter von A. im Frühjahr 2016 der Polizei, A. radikalisiere sich, dann tauchte der 26-Jährige in einem Flüchtlingscafé auf und drohte, dass der Terror auch nach Deutschland kommen werde.

Mitarbeiter des Verfassungsschutzes befragten ihn im November 2016, er wird als „Verdachtsfall Islamist" geführt, galt aber nicht als Gefährder. A. zeigte zwei Gesichter: Mal gab er sich streng religiös, dann trank er Alkohol oder rauchte Marihuana. Anfang 2017 empfiehlt der Dienst ein sozialpsychiatrisches Gutachten, die Polizei verzichtet darauf. Ein Fehler, wie der Polizeipräsident danach einräumte. Dann verliert sich seine Spur — bis zu dem verhängnisvollen Tag im Juli."

https://www.welt.de/regionales/hamburg/article172149681/
Hamburg-Psychiater-bezeichnet-Ahmad-A-
als-voll-schuldfaehig.html

Angesichts der dramatischen Folgen blinder "Willkommenskultur", angesichts der leidvollen Gewissenskonflikte, in die sie mit ihrem unmoralischen Angebot Armuts- und Kriegsopfer bringt, die für Schutz und Geld ihre Heimat verlassen und ihr Vaterland, ihre Kultur, ihre Religion an "ungläubige" Nato-Kriegsverbrecher und Waffenhändler verraten sollen, kommen wir wohl nicht umhin, auch der "Speisung der Fünftausend" einen realistisches Ende zu geben. Dem Narrativ, das seit 2015 der Politik einer ganz großen Koalition blinder "Nächstenliebe" Vorbild gewesen sein könnte, müssen wir hinzu dichten:

(4) Da nun aber die vielen Menschen im Tal sahen, wie ungerecht Jesus und seine Jünger ihre Hilfe nur an die verteilten, die zu ihnen auf den Berg kommen konnten und sie Hungers sterben würden, sprachen sie in ihrer Wut: „Wir suchen uns einen anderen Propheten. Der soll einen heiligen Krieg führen gegen diese Scheinheiligen, die nur an ihr Seelenheil, nicht aber an uns denken. Dann werden wir uns eben mit Gewalt das holen, was uns zusteht!"

Als die Ersten aus dem Tal diese Botschaft auch zu den Wütenden hoch oben auf den Berg gebracht hatten, schlossen selbige sich sogleich den Elendigen und Vergessenen im Tal an und wurden fortan wie ihre Brüder und Schwestern zu Gotteskriegern.

2. Wenn aus religiösem Glauben Wahngewissheit wird

Zusammenfassung:

Aus psychologischer Sicht ist der Mensch leider nur ein, wenn auch komplexer, schnell reagierender und lernfähiger Roboter. Er wird überwiegend von seinem unvermeidbaren Lebensschicksal und von den Erfahrungen programmiert, die die Gesellschaft ihm durch ihre Lebensbedingungen und ihre kulturellen, politischen und religiösen Botschaften vermittelt. Anschließend erklärt die Gesellschaft den Roboter nach vorwissenschaftlicher christlicher Tradition für "schuldig", wenn sie ihn durch ihre Lebensbedingungen kriminell fehlprogrammiert hat. Sind entbehrungsvolle, demütigende, bedrohliche gesellschaftliche Lebensbedingungen und politisch-religiöse Hassbeeinflussungen zu extrem und lang andauernd, können sie einen Menschen so sehr überprogrammieren, dass er überneurotisch (wahnhaft) zu einer Gefahr für sich und andere wird. So ergeht es Migranten, die in eine migrationsneurotisch-psychotische Entwicklung geraten müssen, wenn sie heimatlos, arbeitslos, perspektivlos usw. permanent multikulturellen Schuldgefühlen und Frustrationen ausgesetzt sind und durch islamistische Größen-, Erlösungs- und Gewaltphantasien überprogrammiert werden.

Längst hat sich in der psychiatrischen Forschung die Erkenntnis durchgesetzt, dass wahnhafte Psychosen nicht "über Nacht einen Menschen befallen", sondern ihnen eine mehrmonatige oder gar mehrjährige Anfangssymptomatik vorausgeht, aus denen sie sich seelisch entwickeln (vgl. BLEULER, 1987). Diese *Prodromal-Symptome* (vgl. HÄFNER, 2016) und ihre individuelle Entstehungsgeschichte entpuppen sich bei näherer psychologischer Betrachtung als ganz "normale" neurotische Störungen - nur, dass sie sich später überneurotisch *(wahnhaft)* zuspitzen (vgl. GEBHARDT, 2019). Dies geschieht, das zeigen immer wieder die Lebensgeschichten Schizophrener, u.a. durch monatelang oder gar jahrelang immer wieder auftretende extreme Erlebnisbelastungen (z.B. infolge unlösbarer chronischer Konfliktlagen) und durch lebenslange irrationale Indoktrinationen von Kindheit an seitens der Familie, der Gesellschaft, der Medien usw. Am Ende folgt meist nochmals ein besonders traumatisches *kritisches Lebensereignis* und / oder nachfolgend ein endloses memorierendes Grübeln über die eigenen neurotischen Probleme, das besonders in sozialer (Selbst-)Isolierung schließlich in eine gedankliche Selbstverwirrung mit ersten Wahngedanken führt. Das Resultat ist schließlich die erste psychotisch-wahnhafte Krise, die aus dem Neurotiker einen *schizophrenen Psychotiker* werden lässt.

Ein Mensch, der z.B. immer mehr von übermächtigen sozialen Ängsten und Befürchtungen vereinnahmt wird und sie innerlich immer wieder grübelnd "memoriert", kann schließlich eine erste paranoide *Wahn-wahrnehmung* haben, wie in dem Fall des Mannes, der in einem Café sitzt und hört,

> wie sich hinter ihm zwei Gäste, die ihm eigentlich völlig fremd sind, unterhalten. Sein gerade eben noch "nur neurotischer" Einstellungskomplex an sozial-misstrauischen Einstellungsstrukturen, durch seinen Aufenthalt unter Menschen überstark aktiviert, führt nun zu einer ersten wahnhaften Fehlinterpretation und lässt ihn psychotisch werden: Das undeutlich Gehörte wird von dominanten sozial-misstrauischen Einstellungsstrukturen zunächst in den Mittelpunkt der Aufmerksamkeit gerückt und bringt ihn schließlich zu der ängstlich-wahnhaften, paranoiden Überzeugung: ,Die reden über mich!', begleitet von heftigen Gefühlen der Angst oder Wut und einer entsprechenden Flucht oder einem Angriff auf die vermeintlichen Widersacher am Nachbartisch.

Wer also die religiös-wahnhaften Selbstmordattentate von islamistischen Migranten verstehen will, sollte zuerst einmal ihre *Migrationsneurosen* verstanden haben. Anders lassen sich Vorgänge, die einer *neurotisch-psychotischen Entwicklung* (GEBHARDT, 2019) zugrunde liegen, nicht begreifen (so wird zugleich verständlich, warum die Psychiatrie mit ihrem unklaren Neuroseverständnis bis heute auch kein klares Bild von den Ursachen schizophrener Störungen hat).

Am einfachsten gelingt ein Verständnis neurotischer Störungen, wenn man sich mit der Funktion des menschlichen Gedächtnisses und seiner Auswirkungen auf Denken, Fühlen und Handeln beschäftigt. Das menschliche Gehirn hatte als Informationsverarbeitungszentrale (sozusagen "seelische Rechenzentrale") schon immer die evolutionsgeschichtlich überlebenswichtige Aufgabe, Informationen über die Welt wahrzunehmen, zu erkennen und zu bewerten. Nur so konnte der menschliche Körper anschließend psychosomatisch überlebensrichtig fühlen und handeln, d.h. sich vor Gefahren und Feinden schützen und sich allem Guten, wie Nahrungsquellen, Freunden usw. annähern. Dazu assoziiert der "menschliche Computer" nach einem sinnvollen Algorithmus aktuelle Informationen mit ähnlichen, unterschiedlich stark und komplex gespeicherten Informationen, die er aus früheren Erfahrungen (z.B. Erlebnissen oder verbalen Botschaften) in seinen Speicher (Gedächtnis) geschrieben (enkodiert) hat. Diese *Einstellungsstrukturen* aus der gesamten Lebensgeschichte eines Menschen machen seine jeweilige Persönlichkeit aus, indem sie seine *Einstellungsreaktionen*, also sein Denken und sein davon abhängiges Fühlen und Handeln bestimmen. Damit wären wir auch schon beim Wesen neurotischer Persönlichkeiten. Hinter ihrem neurotischen, d.h. irrationalen, realitätsfremden, selbst- und/oder fremdschädigenden Denken einer *Angst-, Wut- oder depressiven Neurose* können wir entsprechende Gedächtnisinhalte aus persönlichen Vorerfahrungen vermuten. Sie können zum einen aus den bereits genannten traumatisch gehäuften ängstigenden, frustrierenden, deprimierenden Lebenserfahrungen stammen. Die können sich so sehr im Gedächtnis festgesetzt und ausgebreitet haben, dass sie nach dem Verarbeitungsalgorithmus des menschlichen Gehirns eine neurotisch belastende kognitive Verarbeitung auch neuer Erfahrungen und Gedanken bewirken *(neurotische Einstellungsreaktion)*. Eventuell ergeben sich dann auch entsprechende neurotische Bewältigungsversuche, um die dabei auftretenden unangenehmen Gefühle wieder abzustellen: Menschen lernen z.B., dass ein bestimmtes *Vermeidungsverhalten*, sie von unangenehmen Gefühlen befreien kann oder ein Zwangs- oder Suchtverhalten ihren neurotischen Gefühlen ein Ende bereitet.

Zum anderen sind es *irrationale Indoktrinationen* und Vorbilder durch Familie, Kultur, Medien usw. die, wenn sie einmal dem Gedächtnis einprogrammiert wurden, ebenso belastend neurotisieren können (z.B. religiöse Höllenängste und Schuldgefühle, hypochondrische Befürchtungen, soziale Ängste, Feindseligkeit oder von anderen eingeredete Minderwertigkeitsgefühle). Auch sie können zunächst neurotisieren und unter überneurotisch starken und andauernden Einflussbedingungen schließlich gar in eine Psychose führen. Eine Tatsache, die schon früh in der psychiatrischen Forschung erkannt wurde und in Begriffen, wie *"induzierter Wahn"*, *"folie à deux"* ihren Niederschlag gefunden hat (vgl. SCHARFETTER, 1970). Mitunter entwickelt sich auch dabei wieder ein der seelischen Entlastung dienendes auffälliges irrationales Denken und Handeln. Teilweise wird dies von den Indoktrinierern selbst beim Indoktrinierten zu dessen absichtlicher Manipulation auch gleich mit angeregt (z.B. die zwanghafte Einhaltung von Bet- und sonstigen religiösen Verhaltensritualen aber auch politisch-moralischer Normen gegen Schuld- und Höllenängste; ein Waschzwang beruhigt Krankheitsbefürchtungen und Versündigungsvorstellungen oder Wiederholungszwänge helfen gegen Versagensängste oder sonstige Befürchtungen).

Neurotische Einstellungsreaktionen im Denken, Fühlen und Handeln gehen also auf Verarbeitungsprozesse im Gehirn zurück, bei denen traumatische Erfahrungen aus der Vergangenheit unvernünftiger Weise auf aktuelle Situationen übertragen *(übergeneralisiert)* werden, obwohl diese ganz anders gelagert sind. Oder unvernünftige Einstellungen (Ansichten, Meinungen) sind im Spiel, die von anderen übernommen wurden. Also wenn etwa ein Kind, das von seinen Eltern immer wieder misshandelt wurde ("zur Rede gestellt wurde"), auch gegenüber fremden Erwachsenen plötzlich anfängt ängstlich zu stottern, obwohl die ihm eigentlich gar nichts Böses wollen, dann schließt es neurotisch irrational ("übergeneralisierend") von vergangenen Erfahrungen mit den Eltern auf zukünftige Verhaltensweisen auch ihm wohl gesonnener Menschen - und dies blockiert ängstlich seine Atmung und einen fließenden Sprachabruf. Sind traumatische Erfahrungen und erlernte irrationale Meinungen noch stärker im Gedächtnis präsent, muss der Betroffene noch abwegiger von seiner Vergangenheit auf die

Gegenwart schließen und seine irrationale Weltsicht auf noch mehr Dinge um ihn herum *abwegig* übertragen. Aus irrationalen Ansichten müssen so schließlich *wahnhafte* Ansichten entstehen und aus der *Neurose* eine *schizophrene Psychose* werden.

Der Verarbeitungsalgorithmus des Gehirns, der neurotisch-psychotischen Entwicklungen zugrunde liegt, funktioniert dabei letztlich nicht viel anders als eine Internetsuchmaschine: Nur dass das Gehirn, wie ein Computer im Netz, nicht mit vielen anderen Computern (Gehirnen) verbunden ist, sondern mit den menschlichen Sinnesorganen. Sie scannen die Umwelt nach wichtigen Informationen ab und lösen dadurch im Gehirn sozusagen "seelische Suchanfragen" aus. Die menschliche Suchmaschine greift dazu wiederum auf Informationen auf ihrem eigenen Server *(Gedächtnis)* zu und beantwortet die Suchanfrage mit erkennenden Assoziationen, neuen Einstellungsbildungen, Gefühlen und einem Verhalten, das den Überlebensinteressen des Einzelnen am besten dient und durch positive Erfolgserwartungen auch emotional die nötige Aktivierung zu seiner Umsetzung hat *(Motivation)*.

Bei den allermeisten Menschen sind die Suchergebnisse mit wertvollen Informationen aus der Vergangenheit auch vernünftig und überlebenswichtig. Beim *Neurotiker* kommt es jedoch zu falschen und emotional meist unangenehmen Suchfehlern, weil belastende Erinnerungen, die auf mehrfache, besonders traumatische Erfahrungen zurückgehen, und irrationale Indoktrinationen oftmals auch noch durch ihre besondere grüblerisch memorierende Verarbeitung im Gedächtnis überstark gespeichert wurden. Sie lassen den Algorithmus der menschlichen Informationsverarbeitung zu einem Problem werden. Der Neurotiker ist sozusagen das "gebrannte Kind", das durch einen Brand einmal schwer verletzt und traumatisiert wurde. Von da an muss es Angst vor Feuer haben und allem, was für es gedanklich damit verbunden ist. Neurotisch ängstlich muss es mit einem Vermeidungsverhalten reagieren, wenn es eine Situation an sein Feuertrauma bewusst oder unbewusst nochmals erinnert. Dies alles, weil es "blind" ist für die Unterschiede zwischen dem gefahrlosen Hier-und-Jetzt und seiner traumatischen Vergangenheit, die sich in sein Gedächtnis im wahrsten Sinne des Wortes "eingebrannt" hat (wie Gutmenschen vor lauter christlicher Opferbereitschaft und mitleidigem Helfersyndrom auch blind sein müssen, für die gefährliche Seelenlage ihrer Schützlinge und die Not all derer, die eigentlich tausendmal mehr ihrer Hilfe bedürfen, aber sich bei ihnen nicht bemerkbar machen können).

Wie haben wir uns den menschlichen Computer nun im einzelnen vorzustellen, um verstehen zu können, warum er sowohl den christlichen, vermeintlich "Linken" in die Irre gehen lässt als auch seine Opfer, denen er glaubt, mit seiner "Willkommenskultur" einen "humanitären Dienst" zu erweisen?

Die *Einstellungspsychologie*, die der *Overencoding-Theorie* neurotisch-psychotischer Entwicklungen zugrunde liegt, gibt eine Antwort darauf (vgl.

GEBHARDT, 2019). Sie vergleicht die menschliche Informationsverarbeitung, die helfen soll, in der Welt zu überleben, mit der eines Computers, der seine Informationen von etlichen "Eingabegeräten" erhält. An seine „seelischen USB-Eingänge" sind unzählige Sensoren in Augen, Ohren, Zunge, Nase, Haut und inneren Organen angeschlossen. Die Augen scannen visuelle Informationen ein, seine Ohren sind Mikrofone mit eingebauten Analog-Neuronal-Wandlern, die Haut hat Temperatur- und Berührungssensoren, die Zunge Geschmackssensoren, die Nase nimmt Geruchsinformationen auf und nicht zuletzt gibt es unsichtbare innere Sensoren, die über den Funktionszustand des Organismus, wie Magenaktivitäten, Reaktionen des Verdauungstrakts, Hauttemperatur, Schmerzen usw. informieren. Sie alle schicken ihre Daten laufend zum Gehirn. Sie erzeugen ständig eine Datenflut, die der Zentralprozessor natürlich nicht gleichzeitig verarbeiten kann. Aber das ist nicht anders als bei einem Computer, der ebenso mit seinen Rechenkapazitäten sparsam umgeht. Er bearbeitet auch nicht gleichzeitig Tastatureingaben, die Spracheingabe eines Mikrofons und die Informationen eines Scanners und versucht aus all den Eingaben einen geschriebenen Text zu erstellen und auszudrucken! Er bräuchte dafür nicht nur drei „Gehirne" und drei Drucker, um alle Prozesse gleichzeitig abarbeiten zu können. Er wüsste auch nicht, wie und ob er die gleichzeitig eintreffenden Tastaturbefehle und sonstigen Informationen sinnvoll miteinander verknüpfen soll, um daraus einen einzigen Text oder einen anderen vernünftigen Output zu machen. Beim Menschen ist es nicht anders. Nur die für den Menschen überlebenswichtigsten Reizinformationen sollen vorrangig bewusst, verarbeitet, bewertet und in ein Verhalten umgesetzt werden. Unwichtiges soll erst gar nicht das Gehirn belasten und überflüssige Reaktionen auslösen können. Unterschiedliche Informationen, die gleichzeitig aus verschiedenen Informationsquellen eintreffen, würden nur verwirren und vielleicht sogar zu gegenseitig sich störenden, unschlüssigen Verhaltensreaktionen führen. Deshalb müssen die Informationen zuerst einmal vom *menschlichen Betriebssystem* gefiltert werden. Dazu setzen die ankommenden Signale in Bruchteilen einer Sekunde einen Suchvorgang im vorhandenen Datenbestand des Gedächtnisses in Gang. Bestimmte Eigenschaften von Datenbeständen im Gehirn entscheiden darüber, welche Signale aus den Sinnesorganen für am wichtigsten gehalten und bevorzugt von ihnen aufgenommen und verarbeitet werden (*selektive Wahrnehmung*). Dies bedeutet, dass die menschliche Suchmaschine Erfahrungen aus der Vergangenheit dazu heranzieht, die ein Mensch im Laufe seines Lebens gemacht hat - oder zu seinem Leidwesen hat machen müssen. Die Signale aus den sensorischen Eingabegeräten werden vom Gehirn mit Informationen einer riesigen Gedächtnis-Datenbank verglichen. Dort sind alle Lebenserfahrungen in *Einstellungsstrukturen* gespeichert, die einen Betreff (*Einstellungsobjekt*) und einen *Einstellungsinhalt* haben. Je mehr neu ankommende Informationen mit vorhandenen Einstellungsobjekten und Einstellungsinhalten in der Datenbank zu tun haben, desto geringer ist ihr *Aufnahmewiderstand*: Das ist der Widerstand, den der menschliche Computer einem neuen Datenzustrom entgegensetzt. Je geringer dieser *apperzeptuelle Widerstand* ist, desto stärker wird eine ankommende Information, ein Reizerlebnis, bewusst wahrgenommen und von dem Zentralprozessor, dem Gehirn, gedanklich weiterverarbeitet. Damit auch wirklich die wichtigsten Informationen vorrangig bewusst aufgenommen und verarbeitet werden, ist der Aufnahmewiderstand für jenen Reizinput niedriger, der in seinem Informationsgehalt Ähnliches zu bereits gespeicherten Erfahrungen liefert. Z.B. hat ein Briefmarkensammler einen geringeren Aufnahmewiderstand für den Anblick von Briefmarken und ein Bettler, der Getränkedosen sammelt, entdeckt beim Blick in einen Abfallbehälter schneller als andere die Objekte, mit denen er sich auf klägliche Weise selbst Arbeit und Brot geben muss. Der Suchalgorithmus wird aber noch von weiteren Faktoren beeinflusst. Es wird die Suchanfrage jenes Reizinputs bevorzugt wahrgenommen und bearbeitet, der zu Datenbeständen mit *hoher Speicherstärke* Ähnlichkeiten aufweist. Das sind jene Gedächtnisstrukturen, die durch wiederholte Lerndurchgänge immer wieder aktiviert, also bestätigt und mit neuen ähnlichen Erfahrungen zu einem ganzen Einstellungskomplex verlinkt wurden - sozusagen zu einem „Briefmarken-,, oder „Dosenkomplex". Je mehr Erfahrungen miteinander verlinkt sind, desto häufiger rufen sich ihre Datenbestände im Gedächtnis gegenseitig ab und verbessert sich nochmals ihre Speicherstärke. In dem Punkt verhält sich das Gehirn also anders als eine Computerhardware, die eine Information entweder gespeichert oder nicht gespeichert hat. Ein digitales Speichermedium, das eine Information mit jedem Speichervorgang immer stärker speichert, gibt es nicht! Für einen Computer gibt es nur „An" oder „Aus", Nullen und Einsen und die werden entweder gespeichert oder nicht. Internet-Suchdienste dagegen gehen durchaus sehr "menschlich" vor. Sie haben nämlich einen speziellen Suchalgorithmus einprogrammiert bekommen! Der sorgt dafür, dass ihre Suchergebnisse sehr wohl die Anzahl von Abrufvorgängen und die Verlinkungsdichte von Informationen im Netz als Indikatoren ihrer Wichtigkeit berücksichtigen. Damit ist das erreicht, was sich im menschlichen Gedächtnis letztlich in der Speicherstärke und Komplexität von Einstellungsstrukturen niederschlägt und in deren daraus sich ergebender Bereitschaft, Erlebnisse und Gedanken zu verarbeiten. Also gehen die beiden Suchdienste, ob im Internet oder im menschlichen Gedächtnis, doch letztlich nach den gleichen Suchkriterien vor.

Die Relevanz von Gedächtnisinhalten für das Wohlergehen eines Menschen wird im menschlichen Betriebssystem also umso höher angesetzt,

- je mehr sie mit einer Suchanfrage zu tun haben,

- mit anderen Datenbeständen verlinkt sind und

- je stärker sie durch wiederholte Lerndurchgänge im Gehirn gespeichert wurden.

Von Bedeutung für das Ergebnis von Suchanfragen kann aber auch ein momentaner Aktivierungszustand bestimmter Einstellungsstrukturen im Gedächtnis sein. Sind in einer Situation durch vorhergehende Suchanfragen oder nach Denkvorgängen bestimmte Datenbestände besonders aktiviert, sind sie ebenfalls aufnahmebereiter für die Verarbeitung weiterer Reizinputs. Würde ein Briefmarkensammler also z.B. beim Sortieren seiner Marken ständig aus einer Bierdose trinken, würde er in der Folge zumindest vorübergehend eine Dose unter vielen anderen Gegenständen auch schneller erkennen können. Diese Wirkung aktivierter Gedächtnisstrukturen verbirgt sich u.a. auch hinter den Auswirkungen von "Erwartungshaltungen" bei Menschen. Menschen erkennen oder verkennen etwas Neues eher als das, was zuvor durch die Aktivierung bestimmter Datenbestände in ihrem Gehirn an Erwartungen geweckt wurde. So sehen religiös gegen "Ungläubige" und deren "Kreuzrittertum" aufgehetzte Islamisten überall Provokationen ihrer Glaubensfeinde - sogar im kreuzförmigen Aussehen einer aufgeschnittenen Tomate. So warnte eine ägyptische Salafistengruppe vor dem Verzehr von Tomaten, weil bei deren Aufschneiden ein Kreuz sichtbar werden könne. Nach Protesten von gemäßigten Islamisten, die sich ihre Tomatengerichte nicht nehmen lassen wollten, so berichtete 2013 die türkische Zeitung „Hürriyet", relativierten die Salafisten jedoch ihren Standpunkt und teilten mit, „keineswegs sei es Muslimen grundsätzlich verboten, Tomaten zu essen. Nur sei beim Zerschneiden der Frucht darauf zu achten, dass nicht das Kreuz zum Vorschein komme." (WELT, 2013).

Erwartungen, etwas zu sehen, können auch z.B. durch einen Hypnotiseur suggeriert werden, der die Konzentration des Hypnotisierten so sehr auf seine Instruktionen lenken kann, dass der z.B. eine Rabattmarke als eine teure Mauritius *verkennt* oder einen Stein als eine Pfanddose, die unbedingt gesammelt werden muss. Alles nur, weil der Aufnahmewiderstand suggestiv (z.B. auch demagogisch politisch oder relgiös) aktivierter Gedächtnisstrukturen zuvor extrem gesenkt wurde.

Der Suchreiz, der im Datenbestand auf den geringsten *apperzeptuellen Widerstand* trifft und einen Suchtreffer auslöst, wird also in der Fülle von eingehenden Informationen im Bewusstsein *konzentriert* wahrgenommen und auf der Grundlage der Suchergebnisse bewusst verarbeitet. Der übrige, weniger wichtige Reizinput wird gleichzeitig auf einem geringeren Signallevel mehr oder weniger nur noch unbewusst vom "Zentralrechner" verwertet.

Jedenfalls sorgt das *menschliche Betriebssystem* dafür, dass wertvolle Erfahrungen aus der Vergangenheit dazu genutzt werden, dem persönlich wichtigsten aktuellen Reizinput bei der Steuerung von Denken, Fühlen und Handeln jeweils den Vorrang zu geben. Eine Auswahl unter all den äußeren Reizen und inneren Gedanken ist notwendig, weil der menschliche Computer sich nicht mit allem gleichzeitig und in gleicher Weise beschäftigen kann. Er kann ein Problem umso besser lösen, je bewusster er sich damit befassen kann und von anderen Reizen und Gedanken nicht abgelenkt wird.

Die ähnlichsten, am stärksten verlinkten, am stärksten gespeicherten und aktivsten Datenbestände, die vom Gehirn bei einer Suchanfrage aus dem Gedächtnis abgerufen werden, lösen zugleich unterschiedlich angenehme und unangenehme körperliche Zustände aus. Alle abgerufenen Daten steuern nach unserem "human operating system" überlebenswichtig zugleich den *psychovegetativen Zustand* des Organismus. Die dadurch kognitiv ausgelösten unterschiedlichen körperlichen Zustände wiederum werden nicht nur als sozusagen „innere Erlebnisse" dem Gehirn gemeldet und dort vom Menschen bewusst als unterschiedliche *Gefühle* erlebt. Sie helfen ihm zugleich dabei, auf neue Situationen auch durch entsprechendes Fühlen und Handeln zum persönlichen Wohlergehen richtig zu reagieren. Sind Gefühle angenehm aktivierend, *motivieren* sie zugleich den Körper sich dem Angenehmen zu nähern. Ärger und Angst dagegen blockieren und lähmten den Organismus und machen ihn handlungsunfähig. Gutem nähert sich der Mensch dagegen auf vielfältige Weise, weil er dazu durch positive Einstellungsreaktionen angetrieben *(motiviert)* wird. Ärgerliche Angriffe wehrt er notfalls auch mit positiv motivierten Gewalthandlungen ab, die geeignet sind, den "Feind unschädlich zu machen" und Gefahren geht er aus dem Weg oder versuchte sie mutig ebenfalls zu beseitigen - je nachdem, was in der Vergangenheit mit Erfolg erprobt und fortan mit positiven, motivierenden Erwartungen und Gefühlen gekoppelt wurde. Ist der Mensch jedoch in einer beängstigenden und aussichtslosen Lebenslage gefangen, für die er auch kein positiv motiviertes Lösungsverhalten erlernt hat, um ihr zu entkommen, dann bleibt er, wie der Migrant, der sich zwischen Wohlstand unter "Gottlosen" und der Heimkehr in die Armut zu entscheiden hat, bei endlosen deprimierenden und frustrierenden Datenbankzugriffen, in Hoffnungslosigkeit und Wut gefangen. Der Körper verharrt in Angst, Wut oder Entmutigung und endet in einer ängstlichen, depressiven oder aggressiven Neurose *(s. Migrationsneurose)* .

Die Einstellungen, mit denen ein Mensch Erlebtes bewertet und mit Gefühlen und Verhalten beantwortet, werden von Kindheit an erlernt und sind ein Abbild der individuellen Lebensgeschichte. Die ersten "Einstellungsverlinkungen" zwischen subjektiven Erfahrungen werden dem Gedächtnis sogar bereits im Mutterleib "einprogrammiert": Dort ist es unter anderem die wohlige Wärme und die angenehme Sprachmelodie der Mutter, die als erste Erlebnisse gespeichert und mit dem körperlichen Wohlbefinden des Fötus im Mutterleib, als erstem angenehmem Gefühl, "verlinkt" werden. So kann sich eine positive emotionale Einstellung zu Wärme, ersten "musikalischen" Eindrücken, den Schaukelbewegungen im Mutterleib usw. bilden. Die Ur-Einstellungen können sich wiederum beim Neugeborenen auf die Einstellungen zur Mutter, zu anderen Menschen und Situationen positiv übertragen, wenn auch sie dem Kind hoffentlich Wärme, die "Musik" ihrer Stimmen oder ein Schaukeln in ihren Armen schenken und so sein Urvertrauen zum Leben aufbauen.

Das bringt auch das kindliche Verhalten in Gang. Eine gut gelaunte emotionale Aktivierung des Organismus und Verhaltensreflexe erzeugen zugleich ein erstes, zunächst noch ungerichtetes Verhalten. Nach Versuch und Irrtum vergrößert ein noch zielloses Handeln entweder das Wohlbefinden des Kindes und wird als motiviertes Verhaltensprogramm beibehalten, also *gelernt*, oder es hat keine oder unangenehme Folgen für das Kind und wird deshalb als nicht motiviertes Verhaltensprogramm auch nicht mehr angewandt. Was mit Strampeln, ziellosen Greifversuchen, angeborenem reflexgesteuertem Verhalten, ersten Sprachlauten usw. beginnt, wird so im Laufe der Lernentwicklung eines Kindes zu immer komplexeren Verhaltensprogrammen, die später auch durch Beobachtung des Verhaltens anderer erweitert werden. Besonders dann, wenn das beobachtete Verhalten nicht nur durch seinen bloßen angenehmen Erfolg motiviert wird, sondern auch durch die positive Beziehung zu den Vorbildern, etwa den vorbildlich liebevollen Eltern, die das Verhalten vorführen und durch ihre Elternliebe das Kind motivieren, es ihnen gleichzutun.

So einfach dieses Ineinandergreifen von Hard- und Software im "Betriebssystem der menschlichen Seele" ist, so gravierend können jedoch die Auswirkungen sein. Besondere Lebensumstände, wie es das Verlassen der vertrauten Heimat und die Unterbrechung aller familiären und sonstigen sozialen Vertrauensbeziehungen sind, können derart extreme Einstellungen schaffen, dass das menschliche Betriebssystem irrationales, neurotisches und schließlich sogar völlig abwegiges wahnhaft schizophrenes Denken, Fühlen und Handeln hervorbringt. Am Ende kann das Gehirn bei z.B. religiöser Übereingestelltheit *("Radikalisierung")*auch nur noch religiöse Suchergebnisse liefern: Erfahrungen in der gottlosen Fremde werden zu neuen, noch extremeren Einstellungen verarbeitet, die der Vernunft nach nichts mehr mit der Realität zu tun haben. Reizinput (wie der Anblick eines Weihnachtsmarktes) wird von Wut auslösenden subjektiven, religiösen und politischen Einstellungen verarbeitet, die mit ihm logisch nicht zusammenhängen (z.B. mit der eigenen Perspektivlosigkeit, mit "westlichen Verführungen" zur "Sünde", der Entwicklungshilfeverweigerung und dem Neoimperialismus des "ungläubigen Westens", mit der Nato-Kriegsstrategie im Nahen-Osten, EU-Waffenhandel und ausbeuterischem Freihandel). Sie werden nur von der überneurotischen Dominanz im Denken des religiös fanatisch gewordenen Migrationsneurotikers passend gemacht und rufen Gewalthandlungen ab, die der Bewältigung neurotischer Gefühlszustände dienen sollen (u.a. Vergebung aller Sünden, paradiesische Belohnungen, Weltherrschaft der "Rechtgläubigen", Tötung oder Unterwerfung aller "Ungläubigen" in einem "heiligen Krieg").

3. Macht "Flüchten" glücklich oder seelisch krank

Zusammenfassung:

Migration bringt Menschen in den meisten Fällen in einen seelischen Ausnahmezustand, der nach allen psychologischen Gesetzmäßigkeiten nur in einer Migrationsneurose enden und sogar in eine neurotisch-psychotische Entwicklung einmünden kann, wenn Migranten länger unter Heimatlosigkeit, Arbeitslosigkeit, Perspektivlosigkeit, inneren multikulturellen Einstellungskonflikten, religiösen und sexuell-patriachalen Frustrationen usw. leiden müssen. Aus psychologischer Sicht erscheint eine christlich-linke Flüchtlingspolitik insbesondere unter Bedingungen einer ohnehin desintegrierten kapitalistischen Wettbewerbsgesellschaft deshalb als psychopathogene Menschenrechtsverletzung.

Wie sich die seelische Verfassung insbesondere von Zuwanderern aus zum Aufnahmeland kulturell-religiös gegensätzlichen Armutsregionen zu einer gewalttätigen religiösen Zwangsneurose und schließlich gar zu einem hoch überzeugten und fremdgefährdenden schizophrenen Wahn zuspitzen kann, soll uns auch die Krankheitsgeschichte von Fardeen A. näher bringen (vgl. u.a. SHZ. DE, 2014). Als Auslöser für dessen Migrationsneurose, Ausgangspunkt seiner *neurotisch-psychotischen Entwicklung*, können u.a. rassistische, nationale und religiös-kulturelle Identitätskonflikte sowie Minderwertigkeitsgefühle gegenüber der Aufnahmegesellschaft angenommen werden. Wie ein Scheidungskind verfeindeter Eltern sich zwischen Mutter und Vater schmerzlich zu entscheiden hat, haben auch Zuwanderer aus kulturfremden oder gar -feindlichen Herkunftsländern sich zwischen gegensätzlichen Kulturen und deren Religionen fortwährend zu entscheiden. Zwangsläufig quälen sie immer wieder Fragen, wie „Wo gehöre ich hin?", „Zu wem oder was soll ich mich bekennen", „Mit wem soll ich es mir verderben und was werde ich alles verlieren, wenn ich mich für eine der sich ausschließenden Kulturen entscheide?". Dazu können sich (religiös verstärkte) Existenz-, Todes- und "Höllen"-Ängste addieren, religiöse Schuldgefühle allein schon wegen des im Falle islamistischer Migranten religiös verbotenen Aufenthalts unter "Ungläubigen" und nicht zuletzt soziale Schuldgefühle des eigenen relativen Reichtums wegen. Dieser wird Migranten von ihrem christlichen Gastgeberland sogar geschenkt (meist ohne dafür eine Arbeitsleistung erbringen zu müssen), während ihre Landsleute und insbesondere die eigenen Familienangehörigen, von ihnen in der Heimat „im Stich gelassen", trotz allergrößter Anstrengungen weiter im Elend dahinvegetieren müssen.

Nur weil Fardeen A. schon lange vor der großen "Flüchtlingswelle" (seit 2015) bereits als Kind mit seinen relativ reichen und aufgeklärten Eltern nach Deutschland gekommen war und noch bestens integriert werden konnte, fehlen bei ihm weitestgehend die ansonsten für Migrationsneurosen häufigen seelischen Belastungen durch Kriegs- und Armutstraumata, Fluchttraumata, soziale Trennungstraumata und durch den Verlust des vertrauten Lebensraumes (Heimweh). Auch waren bei dem erfolgreichen Arzt keine politisch motivierten *Wuteinstellungen* gegenüber z.B. Deutschland erkennbar. Anders als bei vielen direkt aus Krisengebieten stammenden Zuwanderern, die Europa sehr wohl als globalen Waffenlieferanten sehen müssen, als neokolonialen USA-Verbündeten und Nato-Kriegsverbrecher. Auch können bei dem bestens integrierten, wohlhabenden, verheirateten Familienvater darüber hinaus keine Neidgefühle materieller und sexueller Art *wutneurotisch* sich ausgewirkt haben, wie sie insbesondere bei alleinstehenden männlichen "Flüchtlingen" gegenüber den "reichen ungläubigen", "frauenbesitzenden" Gastgeber-Männern befürchtet werden müssen (s. dazu insbesondere die Erfahrungsberichte von ehemaligen ehrenamtlichen "Flüchtlingshelfern", vgl. KRAUSS, 2019). Ebenso dürfte Fardeen A.

keiner besonderen islamistischen Angst- und Schuld-Indoktrination sowie einer religiösen Hetze von Kinheit an gegen "Ungläubige", "Gottlose", "Kreuzritter", "Götzenanbeter", Juden usw. ausgesetzt gewesen sein. Eine soziale Selbstisolierung durch Sprachprobleme ist angesichts des Bildungs- und Integrationsgrades des Arztes ebenfalls wenig wahrscheinlich. Auch eine tatsächliche oder unterstellte soziale Ablehnung durch seine Mitmenschen dürfte angesichts seines sozialen Status nicht sein Problem gewesen sein - anders als bei massenhaft über offene Grenzen nach Deutschland eingedrungenen islamistischen Migranten mit sehr heterogener Motivlage, bei denen die einheimische Bevölkerung mit Recht Asylbetrug, Armuts- ‚Neid- und rassistische Kriminalität gegen "Weiße", kriegstraumatische Verrohung, frauenfeindlich-rassistische Gewaltbereitschaft, religiös-ideologisch motivierte Verfassungsfeindlichkeit, Judenhass oder gar Terrorismus befürchten muss. Generell gilt ohnehin: *Je intellektuell / wissenschaftlich, lebenspraktisch, handwerklich / beruflich sowie musisch-kreativ ungebildeter ("eindimensionaler", MARCUSE, 1967) die Ausgangspersönlichkeit eines Menschen ist, desto schneller können die genannten neurotisch-psychotischen Risikofaktoren ungehindert eine eindimensionale religiös-neurotische Persönlichkeitsentwicklung in Gang setzen.* Gerade labile Jugendliche und junge Erwachsene mit weitestgehend interesseloser, zielloser, beschäftigungsloser, unsicherer Persönlichkeit sind angst- und wutanfälliger und damit zugleich offener für blinde religiöse Gefolgschaft, wie im Falle des zwölfjährigen Yad A.:

- Der Fall Yad A. -

„Zwölfjähriger bastelte Bombengürtel

Ein Zwölfjähriger soll einen Selbstmordanschlag auf den Weihnachtsmarkt in Ludwigshafen im Winter 2016 geplant haben. Nach SPIEGEL-Informationen hatte Yad A. sogar schon einen Bombengürtel gebaut.

...Laut Ermittlungsakten plante der damals zwölfjährige Yad A. zunächst, einen Selbstmordanschlag zu begehen. Er bastelte nach SPIEGEL-Informationen einen Bombengürtel und schickte dem Wiener Islamisten Lorenz K., der ihn aus der Ferne angestiftet haben soll, am 24. November davon ein Foto.

Auf die Frage des mutmaßlichen Mentors, ob er bald zuschlagen werde, schrieb der Junge, er sprenge sich „spätestens übermorgen" in die Luft. Yad hatte geplant, eine evangelische Kirche in Ludwigshafen anzugreifen und sich daher bereits ein Bild der Kirche auf sein Handy geladen. Doch K. empfahl ihm per Telegram-Messenger den Weihnachtsmarkt als Ziel: „Ja, dann geh dort viel mehr Menschen."

Weil er den Bombengürtel nicht unter seiner Jacke verbergen konnte, verstaute A. die Nagelbombe schließlich in einer Tasche und legte diese auf dem Weihnachtsmarkt ab. Doch der Sprengsatz zündete nicht.

Weil er noch nicht strafmündig ist, blieb der versuchte Anschlag für Yad A. fast folgenlos. Er kam für kurze Zeit in eine geschlossene Einrichtung, lebt inzwischen aber wieder bei seiner Familie. Lorenz K., 18, hingegen muss sich demnächst vor dem Wiener Landesgericht verantworten.

Der Fall gilt Sicherheitsbehörden als ein Beispiel dafür, wie anfällig für Indoktrination gerade Kinder und Jugendliche sind. Terror-Organisationen wie der „Islamische Staat" machen gezielt Propaganda-Angebote für Kinder. Auch in Deutschland lebende Hassprediger bemühen sich darum, Kontakt zu sehr jungen Menschen zu bekommen. Die seien Gold wert, schwärmte ein Salafist aus Dortmund vor einiger Zeit, man könne sie biegen, wie man wolle."

http://www.spiegel.de/politik/deutschland/ludwigshafen-anschlagsversuch-zwoelfjaehriger-bastelte-bomben-guertel-a-1187516.html

Eine solche frühe Indoktrination dürfte allerdings bei Fardeen A. nicht vorgelegen haben. Auch war er angesichts seiner akademischen Bildung und seines Lebens in Wohlstand kein leichtes Opfer für eine islamistische Gehirnwäsche. Dennoch dürfte auch er, wie die meisten Migranten aus islamistisch geprägten Armutsregionen, ungebildet gewesen sein, was die historischen, politischen und psychologischen Hintergründe seiner Heimatreligion anbelangt. Die deutsche Schul- und Universitätsausbildung lässt Schüler und

Studenten in dieser Hinsicht unaufgeklärt und bereitet sie eher noch durch einen sog. "Islamunterricht" und damit der Gleichstellung mit naturwissenschaftlichen Wissensfächern auf die Verinnerlichung einer islamistischen Gottesstaatsideologie vor. Die Unaufgeklärtheit über die wissenschaftliche Faktenlage bezüglich des arabischen Faschismus des 8./9. Jahrhunderts und dessen brutale Methoden religiös-politischer Gehirnwäsche sind aber geradezu eine Voraussetzung für die Entstehung islamistisch neurotischer und psychotischer Gewalt.

Fardeen A. entwickelte trotz seiner gesellschaftlichen Integration relativ schnell eine *religiöse Zwangsneurose*, die ihn von all seinen neurotischen Problemen befreien sollte: Zur Bewältigung seiner Identitätskonflikte, seiner evtl. rassistischen Minderwertigkeitsgefühle, seiner Schuldgefühle gegenüber seinen Landsleuten, gegenüber ihrer Religion und Kultur, zur Beruhigung seiner religiös entfachten Höllenängste, allgemeinen existentiellen Ängste und aufgrund seiner evtl. beruflichen und familiären Überlastungen. Im zwangsläufigen Kontakt mit islamistisch gleichgeschalteten, fanatisch gläubigen migrantischen Parallelgesellschaften muss er erstmals die entlastende Wirkung *autohypnotischer Betrituale* erahnt und nachfolgend im eigenen Gebet immer wieder gesucht haben. Zugleich muss er es als Beruhigung erlebt haben, die Verantwortung für sein Leben nunmehr an eine religiöse Führung abgeben zu können, die ihm Schutz und Sündenvergebung für sein bisheriges luxuriöses, "sündiges" Leben unter "Ungläubigen" versprach. Fardeen A. entwickelte denn auch zunehmend Bet-, Verkleidungs- und sonstige religiöse Verhaltenszwänge, um sein Gefühl der Erleichterung, das ihm sein religiöses *Zwangsverhalten* verschaffte, immer weiter zu steigern (s. unten). Aus dieser von religiöser Höllenangst, Schuld, Depression und Alltagsstress befreienden "Blitzradikalisierung" konnte sich wiederum durch die typischen Wirkfaktoren einer neurotisch-psychotischen Entwicklung eine wahnhaft-religiöse Psychose entwickeln. Durch ein ganzes Bündel pathogener Risikofaktoren kam es zu einer Überspeicherung und komplexhaften Ausweitung irrationaler religiöser Einstellungsstrukturen: u.a. endlose memorierende Denkschleifen im fünfmal täglichen Gebet, fortwährende religiöse Fremdbeeinflussung durch (Hass-) Prediger, "Glaubensbrüder", die gesamte Glaubensgemeinschaft und die Lektüre sog. "heiliger Schriften" *(vgl. induzierter Wahn)* bei zugleich sozialem Rückzug aus nicht-religiösen sozialen Kontakten *(religiöser Autismus)*. Die religiöse Durchdringung und Anpassung des gesamten Tagesablaufes an religiöse Verhaltensgebote und -rituale bewirkte bei ihm eine ständige Aktivierung und Erinnerung religiöser Glaubenseinstellungen und schließlich deren Überenkodierung *(Overencoding)*. Am Ende erlebte er durch den Aufenthalt in einem totalitär religiös durchstrukturierten, faschistischen Gottesstaat mit "vorbildlich" angepassten "Glaubensbrüdern" erstmals eine wirkliche kulturelle, religiöse und rassistische Integration und eine gelebte Bestätigung seiner eigenen Religiosität. Aus der indoktrinierten (induzierten) traditionellen religiösen Irrationalität zur Bewältigung seiner Migrationsneurose mussten nun durch die so geförderte Überspeicherung und komplexhafte Ausweitung neurotisch-religiöser Gedächtnisstrukturen auch erste *religiöse Wahneinstellungen* entstehen. Der in Speicherstärke, Komplexität und damit auch in seiner Überzeugtheit und Emotionalität überneurotisch gewordene religiöse Einstellungskomplex zog durch seine nochmals besondere Aktivierung während endlosen nächtlichen Grübelns (s. unten) das Wahrnehmen und Denken schließlich so sehr an sich, dass erstmals extrem übergeneralisierende *(überinklusive)*, wahnhaft zu nennende Denkfehler auftraten: Fardeen A. wendete sich religiös in wahnhafter Konsequenz auch gegen seine eigenen Kinder! Als rituelles Opfer und zur Bestrafung seiner Kinder für deren "Entartetheit", wie er später äußerte, schnitt er ihnen in einem nächtlichen Wahneinfall die Kehlen durch. Im Überlick ergibt sich folgende Vorgeschichte seiner *neurotisch-psychotischen Entwicklung:*

- Der Fall Fardeen A. -

Schon als Kind, war er mit seinen Eltern aus Baghlan (Afghanistan) nach Wuppertal gezogen. Er hatte Abitur gemacht, den Zivildienst in einer evangelischen Kirchengemeinde (!) absolviert und eine Ausbildung zum Zahntechniker in Solingen. Es folgte ein Zahnmedizinstudium an der Johann-Wolfgang-Goethe-Universität in Frankfurt a.M., das er erfolgreich abschloss. Fardeen A. arbeitete danach als Assistenzarzt, schrieb nebenbei seine Doktorarbeit und war mit einer Afghanin offensichtlich glücklich verheiratet. Allerdings ging er nach seiner Arztausbildung nicht etwa als medizinischer Entwicklungshelfer nach Afghanistan oder in eine andere medizinisch unterversorgte Armutsregion (wie man dies angesichts seiner afghanischen Wurzeln erwarten könnte), sondern gründete eine Zahnarztpraxis in Bergedorf. Bald konnte er sich ein schönes Einfamilienhaus in ruhiger Lage in Glinde leisten und war dort als arrivierter Zahnarzt und liebevoller Vater einer Tochter und eines Sohnes bei seinen Nachbarn auch beliebt. Doch dass Fardeen A. sich nach seiner späteren Aussage vor Gericht, mit seiner Mordtat auch an den Schwiegereltern für deren „ehrloses Verhalten" rächen wollte, gibt einen ersten Hinweis darauf, dass bei ihm früh eine religiös-neurotische Entwicklung eingesetzt haben muss. Sie erreichte offensichtlich einen ersten Höhepunkt nach einem Familienurlaub in Dubai im Herbst 2013, nach dem er sich noch offener zum Islam bekannte (dass er überhaupt nach Dubai mit seiner Familie gereist war, kann mit seiner bereits begonnenen islamistischen Fanatisierung in Verbindung stehen). Der Aufenthalt in dem totalitären Gottesstaat, das Gefühl von gleichrassigen "Glaubensbrüdern" aufgenommen zu sein, die totale religiöse Durchdringung aller Lebensbereiche usw., muss eine so starke suggestive Wirkung auf ihn ausgeübt haben, muss ihn so beeindruckend von seinen Ängsten, Konflikten, religiösen und heimatlichen Schuldgefühlen entlastet haben, dass seine Religiosität in eine neurotisch-psychotische Entwicklung geriet: Von nun an betete er fünfmal am Tag auf einem gen Mekka gerichteten Gebetsteppich, verbreitete religiöse Schriften und wollte Familie und Bekannte zum Islam bekehren. Er wollte sogar seine Praxis verkaufen und nach Dubai auswandern. Der Sachverständige vor Gericht deutete dies später als eine abrupte und radikale Änderung in der Persönlichkeit und attestierte eine "krankhafte Störung gepaart mit einer überwertigen Selbsteinschätzung, Ich-Bezogenheit und Größenwahn". Seine Schlussfolgerung: "schuldunfähig".

Angesichts der für Wahneinstellungen typischen, gegenüber neurotischen Einstellungen nochmals höheren Überzeugtheit *(Wahngewissheit)* und ihrer entsprechenden Unkorrigierbarkeit kann es auch nicht verwundern, dass "Gotteskrieger", wie Fardeen A., weder Einsicht noch Reue wegen ihrer grausamen Mordtaten zeigen. (siehe auch die "paradiesische Vorfreude" und Gelassenheit von religiösen Überzeugungstätern während und nach begangenen Gewalttaten und die mit religiös-fanatischer Selbstsicherheit vorgenommenen körperlichen und seelischen Verletzungen an Kindern u.a. bei religiösen Beschneidungsritualen).

Ganz anders in der sozialen Ausgangssituation liegt der Fall des Anfang 2018 für den IS gefallenen Denis Cuspert. Er hatte als Sohn eines ghanesischen Migranten und einer Deutschen von Kindheit an unter ärmlichen Verhältnissen, einem auseinander gebrochenen Elternhaus, Verwahrlosung, rassistischen Minderwertigkeitsgefühlen und Identitätskonflikten zu leiden. Umso integrationswilliger war er für eine islamistische Glaubensgemeinschaft allein schon wegen seiner frustrierenden, wenig aufbauenden Kindheit und seiner gescheiterten, frustrierenden Schul- und Berufslaufbahn. Sein Abtauchen in eine islamistische Parallelgesellschaft gab ihm eine Ersatzfamilie ("umma"), Lebensinhalt, (Schein-) Antworten auf alle Lebensprobleme, Selbstbewusstsein durch kulturelle Identität, Sündenvergebung und eine Kanalisierung seiner neurotischen Wut, die er von Kindheit an auf sich und die Welt entwickelt hatte und nun auf alle "Ungläubigen" mit martialischer Brutalität richten konnte:

- Der Fall Denis Cuspert -
"Denis Cuspert ist Deutschlands bekanntester Dschihadist. Der IS-Terrorist droht in Video- und Audio-Botschaften mit Attentaten gegen sein eigenes Land und ruft zu Terroranschlägen auf. In einem dreiminütigem Film des Islamischen Staates aus dem Jahr 2015 begleitet Cuspert mit einem Kampf-Naschid, einem Lied, in dem die Taten der Dschihadisten verherrlicht werden, Bilder von grausamen Hinrichtungen, Kampfszenen und Aufnahmen der Attentäter, die im Januar 2015 die Anschläge in Paris verübten. Wörtlich singt der Berliner, der in dem Video nicht selbst zu sehen ist: „In Frankreich folgten Taten, die

deutschen Schläfer warten" und „Auch wenn Du in Europa bist, mache deinen Dschihad"...

Denis Mamadou Gerhard Cuspert wurde im Oktober 1975 in Berlin-Kreuzberg als Sohn einer Deutschen und eines Ghanaers geboren. Sein Vater sei wenige Jahre nach seiner Geburt aus Deutschland abgeschoben worden, sagt der Dschihadist. Laut Berliner Verfassungsschutz hatte er die Familie aber vermutlich bereits weit vor der Abschiebung verlassen. Zu seinem Stiefvater, einem Amerikaner und Angehörigen der US-Armee, habe Cuspert ein problematisches Verhältnis gehabt.

Cusperts Jugend war alles andere als behütet: Seine Mutter habe behauptet, ihre im Haus von der Polizei gefundenen Drogen gehörten dem eigenen Sohn, schrieb die „Frankfurter Allgemeine Zeitung" 2013. Wenn sie keine Lust auf Denis hatte, habe sie den Sohn einfach aus der Wohnung geworfen. „Er hat das immer als coole Nummer verkauft und mich dazu gebracht, ebenfalls nicht nach Hause zu gehen - oft wochenlang", zitiert die „FAZ" den Rapper Charnell, einen früheren Freund von Cuspert. „Denis war immer ein Verrückter, immer am Machen, am Tun, nie der Typ, der rumsitzt und kifft oder Playstation spielt. Ich habe ihn eine Zeitlang bewundert für seine Radikalität."

Cuspert gerät ins Berliner Gang-Milieu. Er wird kriminell, begeht Drogen-, Eigentums- und Gewaltdelikte, fällt wegen unerlaubten Waffenbesitzes auf und sitzt in der Justizvollzugsanstalt Tegel ein. „Wir liebten alles, was gegen das Gesetz verstößt", sagt Charnell der „FAZ". Er sei etwa elf Jahre alt gewesen, als Cuspert vor seinen Augen einen Mann niedergestochen habe. Sein Freund sei in den Knast gekommen, habe aber erzählt, er ginge für ein Jahr nach Afrika. „Sein Vater kam ja daher, also haben wir es ihm irgendwie geglaubt."

Im Jahr 2002 steigt Cuspert über einen befreundeten Rapper und Produzenten in ein Musiklabel ein und startet seine Karriere als Gangsta-Rapper. Er nennt sich jetzt Deso Dogg - Deso steht für „Devil Son". In Liedern wie „Wer hat Angst vorm schwarzen Mann" singt er auch über persönliche Erfahrungen mit Diskriminierung:

,Saß in meiner Haut fest wie Tooki Williams in San
Quentin
Keine Identität wie sollte es denn enden?
In einer weißen Welt voll Hass und Illusion war die letzte
Option
nur Gewalt und Emotion
Auf dem Schulhof war ich nur der kleine Nigga-Junge
mit kaputter Jeans, dem bösen Blick und ner frechen
Zunge.'

Cuspert bringt es zu einer gewissen Bekanntheit in der deutschsprachigen Gangsta-Rap-Szene, der große Durchbruch gelingt ihm aber nicht. Mehrfach wird über Cusperts Tod spekuliert. Seit 2007 präsentiert sich Cuspert laut Verfassungsschutz als gläubiger Muslim. Von 2010 an trat er als radikaler salafistischer Prediger in Erscheinung. Cuspert hatte Kontakt zur Berliner Al-Nur-Moschee und zur berüchtigten und mittlerweile geschlossenen Moschee Millatu Ibrahim (Gemeinschaft Abrahams) in Solingen. Nach dem Verbot der Salafistengruppe verließ er Mitte 2012 Deutschland und reiste über Ägypten nach Syrien..."

https://www.stern.de/politik/deutschland/denis-cuspert-
-dieser-berliner-will-den-is-terror-nach-deutschland-brin-
gen-6528026.html

Auch bei europäischen Konvertiten *ohne* Migrationsneurose, aber dafür mit anderen (u.a. altterstypischen) Persönlichkeitsdefiziten, Minderwertigkeitsneurosen, sozialer Isoliertheit, Zukunfts- und Existenzängsten usw., die für ein islamistisches Integrationsangebot umso verführbarer machen, können *religiöse Zwangsneurosen* die Persönlichkeit verändern. Besonders auch, wenn junge Menschen in einem bindungsschwachen, wenig attraktiven oder gar zerbrochenen Elternhaus aufwachsen und eine islamistische Indoktrination, wie im Falle der sechzehnjährigen Juliane H. aus Hamburg, mit der Erfahrung erster Liebe verbunden ist:

- Der Fall Juliane H. -
"Verwandelt, verschwunden und in Nordafrika aufgetaucht...

Nun steht es fest. Die seit dem 2. Dezember in Hamburg ver-

misste 16-jährige Juliane H. ist nicht mehr in Deutschland...
Die Ermittler des LKA 114 stehen im Kontakt zu dem Mädchen, das sich derzeit in Algerien aufhält.
(Heike Uhde, Pressesprecherin, Polizei Hamburg, am 12. Januar)
Die bestehende Öffentlichkeitsfahndung nach Juliane wurde gelöscht. Da es keinen offiziellen Ausreisevermerk gibt, geht die Polizei davon aus, dass das Mädchen über den Landweg nach Nordafrika kam...
Mitte Dezember hatte Julianes beste Freundin das letzte Mal über Facebook Kontakt zu ihr: „Sie schrieb, dass es Streit gab und sie sich trennen will, er ließe das aber nicht zu", so die Freundin. Doch ihr neuer Freund ging noch weiter. Er ließ der Freundin eine Nachricht über Julianes Profil zukommen:
Wenn du sie nicht in Ruhe lässt, steche ich dich ab."...
Vor sechs Wochen verschwand Juliane H. aus Hamburg. Zuletzt wurde sie am 2. Dezember beim Verlassen der Wohnung auf St. Pauli gesehen. Die 16-Jährige war ein ganz normaler Teenager, bis sie ihren Freund kennenlernte...
Juliane konvertierte zum Islam und verschleierte sich — Make-up und offenes Haar waren ab sofort tabu.
Sie war früher ein ganz normaler Teenager, ging in die Tanzgruppe, zum Schwimmen und wollte Tierärztin werden."
(Vater Norbert H., Hamburg)
Doch alles änderte sich schlagartig. Die noch verbliebene Fa-

milienwelt von Norbert H. zerbrach am Vatertag 2016.
Sie sagte, sie sei zum Islam konvertiert. Plötzlich lief sie mit Kopftuch und langem Plunder rum".
(Julianes Vater)

Juliane schwänzte die Schule und wurde laut „Bild" oft mit einer Gruppe junger Männer in der Stadt gesehen: „Ich hatte das Gefühl, sie hätte eine Gehirnwäsche bekommen."

Julianes Vater, der getrennt von seiner Frau lebt, bat das Jugendamt um Hilfe – Juliane kam in eine Jugendgruppe und wurde dort betreut.

Im März 2017 zog sie wieder zu ihrem Vater und zeigte ihm ein Foto von ihrem Freund – dem Algerier Morchid D. Er war am 22. September 2013 ohne Papiere aus Algerien gekommen und stellte als minderjähriger unbegleiteter Migrant einen Asylantrag. Als sein Antrag am 13. Mai 2015 abgelehnt wurde, klagte er.

Mit dem heute nach eigenen Angaben 19-Jährigen wurde Juliane polizeibekannt. Das Paar soll sogar einen Überfall begangen haben. Juliane kam in eine Jugendeinrichtung, floh aber wieder von dort.

Schließlich wurde der Staatsschutz eingeschaltet: „Mädel, du bewegst dich in gefährlichen Kreisen", soll ihr ein Beamter gesagt haben, so der Vater.

Juliane sei einfach in die Kriminalität hineingerutscht, meint ihre beste Freundin. „Ihr gefiel das alles mit dem Koran. Nur dass Morchid sie öffentlich schlug, gefiel ihr nicht."

Doch offenbar war ihm die 16-Jährige bereits hörig.

Im Oktober wurde Morchid D. dann wieder nach Algerien abgeschoben. Julianes Vater Norbert schöpfte Hoffnung, dass alles wieder normale werden würde.

Doch Juliane verschleierte sich weiterhin und hielt weiter Kontakt zu ihren neuen Freunden. So soll z. B. immer wieder eine verschleierte Frau Juliane besucht haben, wenn der Vater nicht da war, berichten Nachbarn...

Am 2. Dezember war es schließlich so weit: Juliane wollte nachmittags zu einer Freundin, kam jedoch nicht wieder. „In ihrem Zimmer fand ich später ihren Schlüssel und ihr Handy. Mitgenommen hatte sie meinen wertvollen geerbten Goldschmuck, ihr Tablet und ihre Spielekonsole", erinnert sich der verzweifelte Vater..."

http://www.epochtimes.de/politik/deutschland/verwandelt-verschwunden-und-in-nordafrika-aufgetaucht-polizei-hamburg-hat-kontakt-zu-juliane-h-a2319744.html

4. Religiöser Wahn - "Hirndefekt" oder Fanatismus im Endstadium?

Zusammenfassung:

Eine politisch und medial beeinflusste Justiz versucht durch die Annahme eines angeborenen "Hirndefekts" bei islamistischen Gewalttätern, die gesellschaftlichen und religiös-politischen Ursachen islamistischer Hassgewalt zu ignorieren. Dem widersprechen die wissenschaftlichen Fakten einer Unmöglichkeit der Vererbung schizophrener Störungen und deren lebensgeschichtlich nachweisbare Ursache in neurotisch-psychotischen Entwicklungen.

Die Gerichtsurteile auf der Grundlage von Gutachten neurologisch orientierter Psychiater, die psychotischen Tätern wegen deren angeblicher "Hirnerkrankung" Schuldunfähigkeit attestieren, werfen die Frage auf, ob bei schizophrenen Störungen wirklich ein irgendwie gearteter "Hirndefekt" als Ursache infrage kommen kann. Aus wissenschaftlicher Sicht kann einer politisch und medial beeinflussten Justiz hier nur geraten werden, zur Kenntnis zu nehmen, dass

• erstens aufgrund der eklatant geringeren Fortpflanzungsrate bei Schizophrenen deren angeblich "kranken Gene" und damit auch die Schizophrenie als angebliche "Erbkrankheit" längst evolutionär ausgestorben sein müssten.

• Zweitens kann eine familiäre Häufung psychotischer Auffälligkeiten immer auch durch Wirkfaktoren Wahn induzierender *familiärer (hier insbesondere religiöser) Sozialisation* erklärt werden.

• Drittens können angebliche "strukturelle Hirnveränderungen" bei Schizophrenen nicht nur die Ursache, sondern nach Studien zur *neuronalen Plastizität* (vgl. NIERHAUS, 2019) ebenso die *Folge* extensiven neurotisch-psychotischen Denkens sein.

• Viertens widerspricht nicht zuletzt das überwiegende Auftreten schizophrener Störungen in Familien *ohne schizophrene Vorerkrankungen* eindeutig einem genetischen Schizophrenieverständnis und zwingt zur Annahme einer *Psychogenese* schizophrener Störungen, da spontan auftretende Gendefekte in Schizophreniehäufigkeit aus Sicht der Erbforschung nicht plausibel erscheinen.

Unterscheiden sich wahnhafte Verbrechen also wirklich von dem kriminellen Verhalten anderer, "nur" neurotischer Verbrecher oder haben Gewalttaten, wie im Falle von Fardeen A., ebenso eine ganz "normale" neurotische Vorgeschichte?

Stecken auch hinter Wahnsinnstaten nachvollziehbare Motive, die nur die extremste Form jener allzu menschlichen Verhaltensreaktionen darstellen, die alle Verbrecher zeigen müssen, die von der Welt in Dummheit gelassen, asozial-kriminell aufgehetzt oder entrechtet und gedemütigt wurden?

Sind Verbrechen im Wahn also nur die Extremausprägung eines destruktiven, asozialen Verhaltens von Menschen, die in überneurotischem Ausmaß durch eine demütigende, ärmliche oder verwirrende Existenz und/oder durch (wie im Falle Fardeen A. religiöse) Indoktrinationen ihres asozialen Umfeldes in die Irre und in das Verbrechen geführt wurden?

Wenn dem so ist, wird jedenfalls erklärlich, warum die Öffentlichkeit vom Prozess gegen Fardeen A. ausgeschlossen worden war. Vielleicht nicht nur, weil Fardeen A. sich als wohlhabender Zahnarzt gute Rechtsanwälte leisten konnte und vom politisch korrekten

Lübecker Landgericht einen christlichen Migranten-bonus einheimste, sondern auch, weil man sich vor aller Öffentlichkeit nicht näher mit diesen sehr naheliegenden und nur ins Wahnhafte gesteigerten religiösen Hintergründen der grausamen Tat beschäftigen wollte. Es ergibt sich der Verdacht, dass die Öffentlichkeit nicht beunruhigt werden sollte, weil die religiösen Schuldgefühle, Höllenängste und die religiösen Aufrufe zur Gewalt gegen alles "Sündige" und alle "Ungläubigen", die in den "heiligen" islamistischen Schriften massenhaft zu finden sind, auch Millionen andere bereits verinnerlicht haben und noch fünfmal täglich ihrem Gehirn einprogrammieren. Sollte verdrängt werden, dass sich hinter der Mordtat des Zahnarztes seelische Probleme verbergen, die alle Migranten zwangsläufig haben müssen, die in eine kulturell-religiös gegensätzliche ("ungläubige"), wohlhabende Mehrheitsgesellschaft einwandern und deshalb statistisch nachweisbar auch vermehrt daran neurotisch und psychotisch erkranken (vgl. u.a. auch BPB, 2012)? Jedenfalls ermittelten Wissenschaftler des Karolinska-Instituts in Stockholm ein um rund 50 Prozent erhöhtes seelisches Erkrankungsrisiko bei Migranten:

„Migranten der zweiten Generation sind sogar noch stärker gefährdet als ihre Elterngeneration, so eine internationale Studie der niederländischen Psychiater Elizabeth Cantor-Graae und Jean-Paul Selten.

Nicht nur für Schizophrenie, auch für andere psychische Krankheiten sind Einwanderer anfälliger. Laut

Bundespsychotherapeutenkammer leiden sie doppelt so häufig wie gebürtige Deutsche an körperlichen Beschwerden, für die es keine organischen Ursachen gibt. Und fast 60 Prozent häufiger erkranken Einwanderer an Depression. Auch ein höheres Selbstmordrisiko lässt sich belegen: Bei den jungen Türkinnen ist die Rate doppelt so hoch wie bei jungen deutschen Frauen, das fand die Medizinerin Schouler-Ocac in einer Studie der Charité heraus....

Verschleppte Sorgen und Traumata wie zerrissener Familien können auch durchaus noch die nachgeborenen Generationen belasten. So wie bei einer 55-jährigen Türkin aus Berlin, Tochter einer der ersten Gastarbeiterinnen. Sie war fünf Jahre alt, als sich ihre Mutter auf die Anwerbung einlässt, die Koffer packt, nach Deutschland zieht. Für die nächsten Jahre ist sie verschwunden. Als die Tochter in die Pubertät kommt, holt die Mutter sie nach Deutschland - das Verhältnis zwischen den beiden ist angeknackst. Jahre später mit dem Tod der Mutter holt die Patientin das Trauma und die konfliktbeladene Beziehung ein. Zwölf Monate lang, gelähmt von einer Depression, kann sie nicht arbeiten." (WELT.DE, 2011)

Wie bei anderen Wahnstörungen sind es auch bei *Migrationsneurosen* gerade innere Konflikte *(Einstellungskonflikte)*, die eine neurotisch-psychotische Entwicklung in Gang setzen. Es werden ängstigende, deprimierende, frustrierende Einstellungsbereiche (z.B.

sozialer Trennungs- und Verlustschmerz nach dem Verlassen der Heimat, religiöse und nationale Schuldgefühle) nicht nur durch entsprechende belastende Erlebnisse immer wieder schmerzlich aktiviert (z.B. durch Kontakte mit der Familie in der Heimat, Schreckensmeldungen aus der Heimat, religiöse Strafandrohungen durch Prediger oder Familienangehörige). Neurotisch belastende Einstellungsbereiche werden zugleich auch immer wieder durch mit ihnen subjektiv in Konflikt stehende emotional *positive* Einstellungsbereiche aufgewühlt (z.B. durch ein angenehmes Leben unter "Ungläubigen", durch ständige sexuelle und andere "sündige" Verführungen oder sogar Verfehlungen, durch gewollten oder ungewollten sexuellen Medienkonsum, durch die Inanspruchnahme der "Sozialleistungen", die von "Ungläubigen" offeriert werden, evtl. auch durch individuelle Ablösungsbestrebungen gegenüber der archaischen Ursprungsfamilie). So kann sich durch die *doppelte Abrufhäufigkeit* belastender Befürchtungen und Selbstanklagen durch belastende *und* "verführende" Erfahrungen auch deren Präsenz im Gedächtnis persönlicher Einstellungen umso schneller ins Überneurotische steigern: Jedes Erlebnis mit "Gottlosen", "Nato-Kriegsverbrechern", Waffenhändlern, "unverdient Reichen", jeder Schritt in die Unabhängigkeit gegenüber dem traditionsverhafteten Clan in der Heimat in die erträumte Selbständigkeit, Modernität, Wohlstand usw. bedeutet zugleich die Gefahr von göttlicher Bestrafung, endgültiger Trennung von Heimat und Familie und den Verlust vertrauter Beziehungen; jede sexuelle Handlung, jeder angenehme Gedanke daran ruft religiöse Schuldgefühle ab und alle zusammen können einen migrationsneurotischen Schuld- und Angstkomplex bis ins überneurotisch Wahnhafte expandieren lassen. Der verlangt schließlich nach einer Märtyrertat gegen "Ungläubige", um quälende Schuldgefühle zu beenden und sich den Eingang in ein "Paradies" zu sichern.

Familiär bedingte religiöse Gewissenskonflikte tragen nicht anders zu solchen überneurotisch häufigen Abrufprozessen und der Verstärkung neurotischer Einstellungen bei. Wie muss es dem Migranten ergehen, der in der "gottlosen" Fremde von dem Tod eines Familienangehörigen in der Heimat erfahren muss. Zu den ohnehin eintretenden Todes- und Verlassenheitsängsten des nun vaterlosen Sohnes (oder nach der Statistik in Ausnahmefällen auch der vaterlosen Tochter) addiert sich dann auch noch das bedrückende Gefühl, am Tod des Vaters schuldig zu sein: wegen des eigenen "sündigen" "Luxuslebens" unter "Ungläubigen" und wegen des Verlassens der Heimat und der Familie, das den Vater sterbend zurückließ. Ein so entstehender und/oder religiös schon immer bestandener Schuld- und angstvoller Erwartungskomplex des Bestraftwerdens kann durch die ständig präsente Tatsache des Vatertodes (z.B. Nachrichten von den Beerdigungsfeierlichkeiten, Leben ohne den Vater, Familie ohne Vater usw.) und die tägliche Erinnerung an das "gottlose Leben", „für das der Vater hat sterben müssen", zur erdrückenden Last werden. Der Schuldkomplex kann derart überspeichert und ausgeweitet werden, dass er schließlich auch wahnhafte Verkennungen und Denkfehler provoziert: "Ich habe meinen Vater umgebracht!" könnte eines Tages der Sohn äußern, der nicht nur heimatlos, arbeitslos, perspektivlos, sondern nun auch noch vaterlos seine Tage in der "Heimstatt des Unglaubens" fristen muss.

So mancher Neurotiker leidet unter einem überhöhten Anspruch an die eigene Leistungsfähigkeit (Geltungsdrang), dem er nicht gerecht werden kann (u.U. auch konstitutionell bedingt). Hier muss ein Versagens- und Minderwertigkeitskomplex zwangsläufig expandieren, je öfters sogar eigene Erfolge noch geringschätzig als Niederlage vom "Geltungssüchtigen" interpretiert werden. Auch damit wären wir schon wieder mitten in der Lebensrealität von Migranten, von denen die meisten sich umringt fühlen müssen, von gut ausgebildeten, "reichen" Weißen mit Auto, Wohnung, Haus und Familie, deren Sprache sie aber nicht einmal verstehen, um jemals ihr Leistungs- und Wohlstandsniveau erreichen zu können. Ihre Missgunst, angestachelt von multikulturellen Ressentiments den "ungläubigen Nato-Kreuzrittern" gegenüber, muss sie immer wütender werden lassen oder sie zu einem befremdlichen Imponiergehabe verleiten (s. u.a. illegale, mitunter tödlich endende Rennen mit Luxusautos) je länger sie als Almosenempfänger oder Billiglöhner vergebens auf einen sie zufriedenstellenden und von der Politik mitunter versprochenen Anteil am allgemeinen Wohlstand warten müssen. Bis auch sie voller Missgunst und Enttäuschung in eine *Wutneurose* ge-

raten, die unter dem Einfluss islamistischer Hassprediger und dem Integrationsangebot islamistischer
Parallelgesellschaften ein Feindbild erhält, das fortan
alle Angst, Wut und Verzweiflung durch religiöse Ge-
walt- und Größenphantasien auffängt. Am Ende kann
so aus einem alltäglichen "Gotteskrieger", der vermei-
dungsneurotisch "nur" messerstechend seinen religiösen Auftrag erfüllt, mitunter auch ein "Märtyrer-Held"
vermeidungswahnhaft werden, der im Paradies- und
Todeswahn nach den Anweisungen seiner "heiligen
Schriften" möglichst viele "Ungläubige" unter Einsatz
seines Leben tötet.

Wenn ein solcher überneurotischer Abrufzusam-
menhang mit einander in Konflikt stehenden ambiva-
lenten Einstellungsbereichen aber überhaupt entstehen
soll, müssen zunächst traumatische Erlebnisbedingun-
gen (z.B. Versagen, Einsamkeit, Krankheit) und verbale Indoktrinationen (z.B. religiöse Schuldzuweisungen,
Höllenphantasien) auch einstellungsbildend am Werk
gewesen sein. Der Neurotiker muss erfahren haben,
dass er ohne seinen symbiotischen Partner, seinen
Vater, seine Familie, seine Heimat, seine Kultur, seine
Religion hilflos versagt, einsam ist in der Fremde, kein
Ziel mehr hat, keine Beschäftigung und ihm außer
ein paar Almosen von den "gottlosen Reichen" nichts
Angenehmes mehr bleibt; er muss die Schuldvorwür-
fe der (Hass-) Prediger, heiligen Schriften oder Glaubensbrüder erfahren oder zumindest erahnen können
und von den religiösen Ächtungen von Alkohol, Sex
und allen anderen "sündigen" Verführungen wissen,

wenn sie ihn in einen inneren Konflikt mit verführerischen Dingen, wie Liebe, Geselligkeit, wohlschmeckenden Speisen, moderner Technik usw. bringen sollen. Selbstverständlich muss ein Migrant, um in einen *multikulturellen Einstellungskonflikt* zu geraten, auch erst einmal positive Einstellungen zu den "verführerischen Dingen" eines "westlichen Lebens" gebildet haben. Er muss erlebt haben, dass auch das Leben in der Fremde Vorteile haben kann, wenn es ihn immer wieder in "sündige" Versuchung führen soll: Das freie Leben ohne Bevormundung durch Familie und Clan muss er erfahren haben, die sexuelle Lust, die Vorteile technischer Errungenschaften, des Wohlstands usw.. Ist einer der beiden potentiell konfligierenden Einstellungsbereiche unzureichend entwickelt, wird auch ihre kognitive Verknüpfung nur mit geringerer Wahrscheinlichkeit in eine neurotisch-psychotische Entwicklung führen. Eine „heile Welt" abgeschirmt von äußeren „Versuchungen" und/oder frei von Verlust- und Zurückweisungsgefahren, wie dies Migranten in ihrer Heimat haben könnten, bliebe eine solche und hinterließe keine neurotische Wirkung.

Haben Einstellungskonflikte bereits eine neurotisch-psychotische Entwicklung in Gang gesetzt, so treffen wir auch bei *Migrationsneurotikern* auf ein weiteres Symptom neurotisch-psychotischen Entwicklungen: jenem memorierender Gedankenaktivitäten, die in der Einsamkeit und gedanklichen Versunkenheit eines sozialen Rückzugs ungestört ausufern können und neurotische Einstellungskomplexe dabei überspeichern und expandieren. Der *religiöse Autismus* (z.B. bei Einzelinhaftierung oder nach kritischen Lebensereignissen, wie dem Verlust von nahen Bezugspersonen in der Heimat), die Flucht in endlose Gebete, Koranstudien, Moscheebesuche, Predigertum, Verkleidungs-, Essensrituale usw. erscheint gerade auch für konflikthafte migrantische Einstellungskonstellationen als Beschleuniger für eine neurotisch-psychotische Entwicklung sehr naheliegend. Kognitiv in ihrer Enkodierung und assoziativen Vernetzung immer präsentere religiöse Gewalt- und Größenphantasien usw. können so Abrufaktivitäten entwickeln, die im Bewusstsein des Betroffenen immer dominanter werden und ihn in autistischer Weise zunehmend unzugänglicher machen können für eine äußere Erlebnisverarbeitung. Ein Rückzug von der Realität, vom Kontakt mit anderen Menschen wird sich hier gedanklich besonders dann vollziehen, wenn der Einzelne ohnehin schon immer die Tendenz hatte, sich vor einer nur noch aversiv erlebten Außenwelt (z.B. in der "gottlosen" "feindlichen" Fremde) in die Sicherheit religiöser Selbstisolation zu flüchten. Umso ungehinderter (ohne äußere Ablenkung) kann sich ihm dann seine unbewältigbare innere Konfliktwelt immer wieder aufdrängen und er seine emotionale Befreiung von allen Konflikten in religiösen Paradies-, Todes-, Größen- und Gewaltphantasien grüblerisch memorierend finden. Solange bis er den wahnhaften, nur noch mit therapeutischen Mitteln überwindbaren *point-of-no-return* erreicht und es zu ersten *Wahnwahrnehmungen, Wahneinfällen* und *religiösen Wahnhandlungen* kommt.

Es erhärtet sich leider der Verdacht, dass politisch korrekte Richter auch von diesen unlösbaren multikulturellen Loyalitätskonflikten nichts hören wollen oder von den *rassistischen Minderwertigkeitsgefühlen*, die alle Migranten haben müssen, die von christlichen Samaritern zu bettelnden, schmarotzenden Arbeitslosen ohne Heimat und Zukunft degradiert werden. Es sei denn, sie besinnen sich, um ihre Migrationsneurose zu bewältigen, auf die totalitären Gewaltbotschaften ihrer Heimatreligion und sehen sich als einzig "Rechtgläubige", denen das Recht, ja, die Pflicht zukommt, ihre "gottlosen", kriegsverbrecherischen und unverdient reichen Gastgeber auszubeuten, zu plündern oder gar zu morden.

Sollte also auch der richterlich attestierte "Hirndefekt" von Fardeen A. nur die wahren seelisch pathogenen Ursachen für den religiösen Wahnsinn in der Welt verschleiern, dem sowohl Millionen entwurzelter Migrationsopfer als auch 1 Milliarde Notleidende, die wegen Krankheit und Armut niemals aus Elend und Krieg werden "flüchten" können, unweigerlich in ihrer Verzweiflung zugetrieben werden? Wollte auch das Gericht, das über Fardeen A. zu urteilen hatte, nicht die wahren Ursachen des Wahns benennen, die nur in einer Politik liegen können, die allein Wirtschaftsinteressen, US-Nato-Interessen und christlichem Seelenheil dient und darüber das tausendfach größere globale Armuts- und Kriegselend auf der Welt verdrängt?

Mit der Attestierung einer angeblich "krankhaften Schuldunfähigkeit" des Mörders waren jedenfalls das Gericht und eine christlich-linkspopulistische Migrationspolitik aus dem Schneider. Der Richter brauchte sich nicht näher mit der "ganz normalen" und zwangsläufigen neurotisch-psychotischen Entwicklung des Angeklagten auseinanderzusetzen. Niemand zerstörte der Rechtsprechung ihren Schuldmythos vom grundlos "bösen" Kriminellen, der gott-, oder besser, teufelsähnlich "das Böse" selbst erschaffen hat und nur in Ausnahmefällen auch mal wegen eines angeblichen "Hirndefekts" einen "Irrenbonus" auf das Strafmaß erhalten kann. Und die Politik konnte ungestört weiter im Interesse von Wirtschaft, Staatskirche und Nato-Strategen, die den Nahen-Osten durch Fahnenflüchtlinge destabilisieren wollen, das Märchen von der christlichen Nächstenliebe verbreiten, die mit der Vorzugswohlfahrt an 2 Millionen "Flüchtlingen" angeblich die Probleme der gesamten Menschheit zu lösen vermag. Ungehindert konnte weiter verschwiegen werden, dass am Ende die meisten der Entwurzelten und 1 Milliarde Notleidende auf der Welt wegen einer Politik der lebensgefährlichen *Armutsflucht statt Armutsbekämpfung*, in ihrem Elend dem religiösen Wahnsinn islamistischer Hassprediger weiter in die Fänge getrieben werden.

5. Islamistische Gefährder: Das Totalversagen christlicher Strafjustiz

Zusammenfassung:

Spätestens bei wahnhaft überzeugten islamistischen Gefährdern mit aggressiv-suizidalen Tendenzen stößt eine archaische Schuld- und Abschreckungsjustiz an ihre Grenzen. Nicht länger kann, wie bei neurotischen Kriminellen, kriminelles Verhalten durch Strafandrohungen unterdrückt und seine gesellschaftlichen Ursachen geleugnet werden. Religiöser Wahn mit Selbst- und/oder Fremdgefährdung kann nur durch eine Psychotherapie mit medikamentösem Wahnabbau und einer anschließenden Lösung der migrationsneurotischen Ausgangsproblematik einer neurotisch-psychotischen Entwicklung nachhaltig geheilt werden.

Haben neurotisch-psychotische Entwicklungen ihren wahnhaften *point-of-no-return* erreicht, wären sie selbst durch die Androhung einer Todesstrafe von ihren Hassverbrechen nicht mehr abzubringen. Ganz im Gegenteil wären die Strafandrohungen einer ohnehin irrelevanten "ungläubigen" weltlichen Justiz geradezu eine freudige Garantie auf paradiesische Belohnungen, soziale Anerkennung, Vergebung aller Sünden und eine Hoffnung auf die Beendigung allen irdischen Überdrusses. Islamistische Gefährder, wie Fardeen A., fallen vielmehr durch eine extreme Ausweitung religiösen Zwangsverhaltens auf (u.a. Betzwang, religiöser Verkleidungszwang, rituelle Zwangshandlungen). Vermehrt haben sie *religiöse Zwangsgedanken* (alle Alltagsbereiche werden einer religiösen Bewertung unterzogen, erinnern an religiöse Gebote und "Sünden" usw.) und sie zeigen ein *religiöses Aufmerksamkeitsverhalten*, das sich in der Außenaufmerksamkeit nur noch religiösen Realitätsbereichen zuwendet ("heilige Orte", "Glaubensbrüder", "heilige Schriften" usw.) und/oder sich in der Innenaufmerksamkeit in Gebeten und religiösen Grübeleien mit religiösen Wunschphantasien autistisch beschäftigt. Alle Erlebnisse, die noch zum neurotisch-psychotischen Gefährder durchdringen, werden aufgrund seiner überspeicherten und komplexhaft ausgeweiteten islamistischen Einstellungsstrukturen, von ihm religiös interpretiert und mitunter auch wahnhaft verkannt. Letzteres ist gerade für eine Therapie religiöser Wahnentwicklungen von entscheidender Bedeutung. Gilt die Gefahr einer wahnhaften Fehlverarbeitung alles Erlebten doch zwangsläufig auch für herkömmliche neurosetherapeutische Vorgehensweisen bei schizophrenen Störungen. Nicht nur, dass sie auch bei Fardeen A. gegen dessen extrem überzeugte Wahneinstellungen und den Fortgang seiner neurotisch-psychotischen Entwicklung nur wenig ausrichten könnten. Eine reguläre *Neurosetherapie* würde seinen Zustand mit großer Wahrscheinlichkeit sogar verschlechtern, wenn er aufgrund seiner einseitigen und unverrückbaren wahnhaften Weltsicht, therapeutische Gespräche z.B. als "teuflischen" Angriff "Ungläubiger" auf seine Religion interpretieren müsste. Eine Gesprächstherapie würde also ebenso wie juristische Strafandrohungen angesichts der extremen wahnhaften Überzeugtheit eines religiösen Gefährders nicht nur keinen Sinneswandel bewirken, sondern ihn eher aufgrund der extremen religiösen Einseitigkeit *(Überinklusivität)* seines Denkens auf neue Wahnideen bringen, evtl. sogar von ihm paranoid als Angriff interpretiert werden und den Therapeuten womöglich noch in Gefahr bringen. Deshalb kann der wahnhafte point-of-no-return auch bei islamistischen Gefährdern therapeutisch nur überwunden werden, wenn für die Therapie, wie für den alltäglichen Umgang mit neurotisch-psychotischen Gefährdern, gilt: Keine religiösen Überzeugungsversuche oder gar Streitgespräche! Stattdessen wahnneutrale Themen (soweit es diese für den Gefährder überhaupt noch gibt!) ansprechen (z.B. das alltägliche Hier-und-Jetzt), Ablenkung von religiösen Denkschleifen durch Arbeitstherapie, Sport, Naturerlebnisse, Körpertherapien usw. jeweils ohne Gruppenkontakte mit "Ungläubigen" (eine Inhaftierung islamistischer Gewalttäter unter den derzeitigen Haftbedingungen, gar mit Einzelhaft, ist aus therapeutischer Sicht geradezu kontraindiziert: Sie fördert nur den *religiösen Autismus*, endlose neurotisch-religiöse Gedankenarbeit und damit eine neurotisch-psychotische Radikalisierung!).

Bei überneurotischen, wahnhaften Überzeugungen, wie sie auch islamistische Gefährder zeigen, muss deshalb stets ein medikamentöses Abschalten aller Wahngedanken am Anfang jeder Therapie stehen. Auf biochemischem Wege müssen überenkodierte irrationale und wahnhafte Gedächtnisstrukturen deaktiviert und dadurch soweit vergessen werden, dass sie in ihrer Gedächtnispräsenz auf ein nur noch neurotisches und damit therapierbares Niveau absinken. Genau dies geschieht auch in der heute gängigen Behandlung schizophrener Störungen mit *Neuroleptika* (und geschah in der Vergangenheit schon immer bei allen begrenzt erfolgreichen, die Hirnaktivität dämpfenden psychiatrischen Therapieansätzen, wie u.a. *Schlaftherapie, Insulin-, Elektrokonvulsionstherapie,* wobei Letztere jeweils mit einem kognitiv deaktivierenden Terminalschlaf verbunden waren, der wahnhaftes Denken ebenfalls unterbrochen hat).

Dass dabei allerdings die eigentlichen schizophrenen Auslösebedingungen leider nicht beseitigt werden, zeigt schon die klinische Erfahrung: Schizophrene Psychotiker werden bei Absetzen der Neuroleptika-Medikation und/oder bereits bei Rückkehr in die alte belastende Alltagswelt mit großer Wahrscheinlichkeit erneut wahnakut *(sog. "Drehtürpsychiatrie")*. Ganz einfach deshalb, weil ihre seelischen Probleme und ihre problematische, konfliktgeladene Lebenssituation psycho- und sozialtherapeutisch i.d.R. nicht gebessert wurden und sich auch nur in Ausnahmefällen von selbst bessern können. Der Wahnkomplex des Schizophrenen wird zwar vorübergehend medikamentös deaktviert, durch ein teilweises Vergessen wahnhafter Gedächtnisstrukturen auch abgebaut und durch eine generelle Reduzierung der kortikalen Wahrnehmungsverarbeitung biochemisch daran gehindert, erneut gedanklich zu expandieren. Selbst wenn aber z.B. religiöse Angst-, Schuld- und Wut-Einstellungen in ihrer Komplexität und Überzeugtheit durch eine mehrwöchige medikamentöse *Vergessenstherapie* bei Fardeen A. auf ein neurotisches Niveau wieder abgesenkt würde (sog. *Wahndistanzierung*) und dieser psychotherapeutische Effekt auch noch durch einen Schutz vor erneuten religiösen Indoktrinationen und neurotischen Belastungen verstärkt würde, könnte ein dauerhafter therapeutischer Erfolg bei ihm nur erreicht werden, wenn anschließend auch eine *Psychotherapie* seiner Ausgangsneurose (u.a. seiner Migrationsneurose) stattfände. Andernfalls begänne seine neurotisch-psychotische Entwicklung bei entsprechenden Belastungen und sozialen Beeinflussungen wieder von vorne und würde ihn erneut zu einem islamistischen Gefährder machen.

Im Falle von Fardeen A. müssten im Rahmen einer *gestuften Kombinationstherapie* (GEBHARDT, 2019) nach einer medikamentösen Eingangstherapie *(wahn-suppressive Therapiestufe)* und einem erfolgreichen Wahnabbau also erst einmal rassistische, nationale und kulturelle Identitätskonflikte *(Einstellungskonflikte) neurosetherapeutisch* aufgearbeitet werden. Auch evtl. Minderwertigkeitsgefühle, Existenzängste, allgemeine Lebensüberforderungen usw. müssten psychotherapeutisch und durch eine Veränderung seiner Lebenssituation angegangen werden - möglichst in reizkontrollierter, unproblematischer (deshalb i.d.R. stationärer) Umgebung, um erneute irrationale Indoktrinationen und seelische Belastungen von vornherein zu verhindern *(reizkontrollierte und einstellungszentrierte Therapiestufe)*. Alternative, friedliche religiöse Glaubenseinstellungen müssten Fardeen A. vermittelt werden und am Ende müsste er über die totalitäre Ideologie, der er verfallen war, *historisch kritisch* und *psychologisch* aufgeklärt werden (u.a. abrahamitische "Religionen" als frühe politische Parteien mit einem "heiligen" Parteiprogramm, das dem Volk von herrschenden Clans als "göttliche Offenbarung "glaubhaft" gemacht wurde, s. OHLIG, 2007, KÖSTER, 2016).

Politisch durchaus rational motivierte, religiös aber irrational verstärkte Hasseinstellungen gegenüber "dem Westen" sollten bei islamistischen Gefährdern, um weitere Eigen- und Fremdgefährdung abzuwenden, in friedlich demokratische Protest-Aktivitäten kanalisiert werden. Damit sie nicht länger glauben, sich pauschal gegen "weiße Ungläubige" wenden zu müssen, sondern allein gegen die ökonomischen, politischen und medialen Machteliten des "Westens", die einen kriegerischen kapitalistischen Nato-Neokolonialismus aus neoliberaler Macht- und Habgier und nicht aus religiöser Überzeugung betreiben.

In den meisten Fällen, so auch bei Fardeen A., werden Schuldgefühle gegenüber dem von Armut und Krieg betroffenen Heimatland beruhigt werden müssen, damit sie von den Heimatvertriebenen nicht immer wieder zwangsneurotisch religiös bewältigt werden müssen. So wäre bei Fardeen A. z.B. an eine Beteiligung an entwicklungspolitischen Hilfsprojekten für das eigene Heimatland zu denken oder mittelfristig an eine Rückkehr in die eigene Heimat als zahnärztlicher Entwicklungshelfer; ebenso käme ein politisches Engagement in einer Partei bzw. die Gründung einer Partei infrage, um sich konstruktiv und friedlich entwicklungshilfepolitisch für eine Armutsbekämpfung einzusetzen, damit nicht länger von der herrschenden Politik Milliarden für eine seelisch pathogene Armutsflucht für wenige verschwendet werden.

6. Die "Gefährder" in Wirtschaft, Politik und ihren Medien

Zusammenfassung:

Die migrationspolitischen und damit gesellschaftlichen Ursachen islamistischer Gewalttaten und des hunderttausendfachen seelischen Leids von Migranten, die in unverantwortlicher Weise von christlichen Linkspopulisten in ihr Unglück, wenn nicht gar in den Fluchttod gelockt werden, zwingt dazu die eigentlichen Gefährder zu nennen in Wirtschaft, Politik und ihren Medien.

Die wahren Verantwortlichen für die islamistischen Morde in Glinde und anderswo können wir letztlich mal wieder nur dort finden, wo die eigentlichen "Gefährder" immer sitzen: bei den Eliten aus Politik, Wirtschaft, christlicher Staatskirche und deren Medien. Sie sind es, die eine seelisch gesunde, globale Friedens- und Entwicklungshilfepolitik seit Jahrzehnten verhindern und als politische Akteure es zu verantworten haben, dass „Deutschland in Scherben liegt" (KRAUSS, 2018). Die ökonomische Habgier nach ausländischen Billigarbeitskräften, ein für die Armutsregionen ruinöser Freihandel, die von US-Nato-Strategen entfachten Rohstoffkriege und ein skrupelloser Waffenhandel sind es u.a., die eine religiöse Fanatisierung von Armuts- und Kriegsopfern in den Elendsregionen in Gang setzen und die den Heimatverlust, die kulturelle Entwurzelung und islamistische Radikalisierung jener in Kauf nehmen, die jung, gesund und reich genug sind, zu den "ungläubigen, unverschämt reichen Kriegstreibern" "flüchten" zu können.

Zu den "Gefährdern" gehören nicht zuletzt auch die beiden christlichen Staatskirchen und eine dahinsiechende europäische Almosen-, Schuld- und Feindesliebe-Linke, die den einstigen wissenschaftlich-dialektischen Materialismus für einen schuldbüßerischen christlichen Populismus verraten hat, um zu einer Art *christlicher Politsekte* zu werden. Hinter den islamistischen Gefährdern steckt eine "GaGroKo" (ganz große Koalition) aus christlich sozialisierten Besserverdienern mit schlechtem Gewissen ob ihrer Privilegien, politikunfähigen, neurotisch mitleidigen Opferpersönlichkeiten und einer familiär, schulisch und medial von selbsthassenden, postklerikalen Alt-68ern indoktrinierten jungen Generation (u.a. "Antifa" und andere "autonome" Nachwuchsorganisationen). Sie haben einem autoritären, patriachalen Kirchenapparat zwar den Rücken gekehrt, wollen aber dafür umso fanatischer ihr schlechtes soziales, religiöses, historisches Gewissen, ihre persönliche Unzufriedenheiten und ihre Existenzängste mit militanter christlicher Aufopferung beruhigen. Sie merken es nicht einmal, dass sie sich mit ihrem selbstkreuzigenden, hyperaktiven Helfersyndrom zu nützlichen Idioten der ökonomischen Gier nach billigen Rohstoffen und Arbeitskräften aus den Elendsregionen machen: Angetrieben von dem egoistischen Verlangen, sich an der Inobhutnahme von 0,2% der Notleidenden auf der Welt ihr persönliches Seelenheil zu verdienen, haben sie, wie die global-player des Großkapitals, kein Interesse daran, Armut und Elend in den Herkunftsländern von Migranten und damit eine körperlich und seelisch krankmachende Heimatvertreibung an der Wurzel zu bekämpfen. Würden sie doch dabei ihre Vorzeigeflüchtlinge verlieren, wenn mit sozial gerecht verteilter Hilfe allen dort geholfen würde, wo auch alle seelischen Probleme und der religiöse Wahnsinn eines totalitären Islamismus ihren Anfang nehmen. Kein Bettler würde mehr dankend seine Almosen bei ihnen abholen und Opfergottesdienste mit sich abhalten lassen. Keiner würde die christliche Staatskirche mehr für ihren blinden, schuldneurotischen Büßer-Aktivismus bewundern und pseudolinke Gutmenschen könnten nur noch in der Ferne Gutes bewirken, von dem andere womöglich nicht einmal etwas erfahren könnten.

Gerade der Fall Fardeen A. zeigt deutlich, dass auch bei vordergründiger sozialer Integration, Hunderttausende von Migranten aufgrund multikultureller, rassistischer, nationaler und sonstiger identitärer Einstellungskonflikte, Minderwertigkeitsgefühle usw. verführbar bleiben für das religiöse und zugleich soziale Integrationsangebot einer als gleichrassig oder rassenübergreifend empfundenen, totalitären und identitätsstiftenden islamistischen Ideologie. Übt sie doch eine totale ideologische Gedanken-, Gefühls- und Verhaltenskontrolle bei ihren "einzig rechtgeleiteten Gotteskriegern" aus: durch Höllenängste, brutalste Strafandrohungen (u.a. soziale Meidung und Todesstrafe bei Apostasie) in ihren "heiligen Schriften", durch die praktizierten Hinrichtungen in islamistischen Gottesstaaten, aber zugleich auch durch Gruppengeborgenheit, entlastende Verantwortungsabgabe, religiöse Größenphantasien, religiöse Entspannungsrituale und "paradiesische" Belohnungsversprechungen. Dies nach dem Muster einer *Gehirnwäsche*, wie sie alle totalitären "Psychosekten" praktizieren, ähnlich der "Massenpsychose" im vom braunen Terror bedrohten und zugleich von Massenarbeitslosigkeit, Armut und internationaler Demütigung "erlösten" Hitlerdeutschland und nach dem psychologischen Wirkungszusammenhang eines *Stockholm-Syndroms*: Todesbedrohte müssen allein schon aufgrund von Strafverschonung bei Gehorsam Sympathien für ihre brutalen Peiniger entwickeln...

7. Kapitalismus und soziale Integration - geht das überhaupt?

Zusammenfassung:

*Eine weitere seelisch pathogene, global ungerechte und lebensgefährliche Armutszuwanderung nach Europa muss auch gegen Arbeitgeber- und Nato-Interessen verhindert werden. Dies wird erleichtert, indem Hunderten von Millionen Fluchtwilligen in den Herkunftsländern durch humanitäre Direkthilfe, Entwicklungshilfe, Friedenspolitik, Waffenhandelsverbote usw. eine Zukunftsperspektive gegeben wird. Eine Privilegierung von Migranten gegenüber Armutsdeutschen durch gesonderte Integrationsprogramme ist sozial ungerecht, spaltet die Gesellschaft und ist das Eingeständnis einer fehlenden integrativen Arbeits-, Wirtschafts-, Bildungs- und Sozialpolitik für **alle** BürgerInnen. Vielmehr müssen Migranten wie Armutsdeutsche u.a. durch das gleiche Grundrecht auf Arbeit zu einem menschenwürdigen, alterssichernden Mindestlohn gesellschaftlich integriert werden statt u.a. durch eine deprimierende Hartz IV-Almosenpolitik für christliche Gottesdienste missbraucht zu werden.*

113

Auf NZZ-Digital war am 5.3.2018 über das Musterland christlich-linker Sozialpolitik, Schweden, zu lesen:

„Schwedens Integrations-Traum ist geplatzt

Die Sicherheit der Bürger in den Grossstädten ist in Schweden zu einem heissen Politikum geworden. Dass Waffengewalt mehr und mehr von Jugendbanden ausgeht, ist besonders erschreckend.

Fast eine Schiesserei pro Tag im Durchschnitt und mehr als 40 Tote als Folge: Das ist, in den Worten von Schwedens sozialdemokratischem Ministerpräsidenten Stefan Löfven, die bedenkliche Bilanz des Jahres 2017 in Schweden. Nicht weniger dramatisch äussert sich der Oppositionsführer Ulf Kristersson. Er spricht von Angriffen auf Polizeiautos, Sprengstoffanschlägen auf Polizeiposten, Schüssen gegen die Wohnung eines Polizisten.

Ein Fall für das Militär?

Und auch im neuen Jahr sind es solche Schlagzeilen, die die Öffentlichkeit in Atem halten. In einer Pizzeria im nordwestlichen Stockholmer Vorort Rinkeby wird am helllichten Tag eine Person niedergeschossen, in Malmö explodiert ein Sprengsatz bei einem Polizeiposten im notorisch bekannten Viertel Rosengard, und in einem Vorort in Stockholms Süden stirbt ein unbeteiligter Mann durch eine Handgranate, die auf einem öffentlichen Platz liegt. Einig sind sich Polizei, Politiker und Sicherheitsexperten, dass es sich bei vielen der beobachteten Vorfälle um Auswüchse eines Bandenwesens handelt, das sich nicht nur stetig auszubreiten scheint, sondern auch zunehmend in den öffentlichen Raum drängt. Es ist das Letztere, was in der Bevölkerung besondere Unruhe schürt.

Denn in den nach schwedischer Sprachregelung «sozial besonders stark exponierten Vororten», von welchen es in Stockholm, Göteborg und Malmö insgesamt rund zwei Dutzend gibt, fühlen sich viele nicht mehr sicher auf der Strasse. Die Zeitung «Aftonbladet» schrieb, seit 2011 hätten von 131 tödlichen Schiessereien in den drei Grossstadtregionen mindestens 100 im öffentlichen Raum stattgefunden.

Für die Politik besteht unmittelbarer Handlungsbedarf; umso mehr, als im September ein neues Parlament gewählt wird und Sicherheit zu einem der zentralen Themen des Wahlkampfs werden dürfte. Die rechtsnationalen Schwedendemokraten verlangten bereits, in den Problemquartieren das Militär einzusetzen, wenn die Polizei überfordert sei. Der Vorschlag wirbelte viel Staub auf; Sicherheitsexperten konterten, dass das Militär für solche Aufgaben gar nicht ausgebildet sei.

Mehr noch gab indes zu reden, dass der sozialdemokratische Ministerpräsident Löfven dem Vorstoss keine klare Absage erteilte. Man werde tun, was nötig sei, sagte Löfven. Aus der Parteizentrale wurde zwar eilig nachgeschoben, dass sich der Chef zur Frage eines Militäreinsatzes damit nicht geäussert habe. Ein klares Nein sieht jedoch anders aus.

Es ist dabei nicht so, dass überall in Schweden – oder auch nur in ganz Stockholm oder Malmö – Angst und Unsicherheit herrschten. Die Probleme betreffen spezifische Lokalitäten innerhalb der urbanen Agglomerationen, und schon in einem benachbarten Quartier weiss man davon vielleicht nur aus den Medien.

Wie zum Beispiel in Mälarhöjden in Stockholms Südwesten. In diesem ruhigen, bürgerlichen Quartier mit vielen Einfamilienhäuschen liegt der Anteil von Einwohnern, die ausserhalb Europas geboren sind, bei knapp 6 Prozent. Nur eine Metrostation weiter in Bredäng, wo eine der Problemzonen beginnt, dominieren Mietskasernen; aussereuropäische Einwanderer machen hier 34 Prozent der Bevölkerung aus.

Zementierte Segregation

Bei den landesweit derzeit 61 Quartieren, die von der Polizei als «exponiert» oder «sehr exponiert» eingeschätzt werden und wo rund 200 kriminelle Netzwerke mit insgesamt etwa 5000 Mitgliedern am Werk sein sollen, handelt es sich durchgehend um Stadtgegenden mit hohen Anteilen von Immigranten. Das heisst gleichzeitig, dass es in hohem Masse die Zuwanderer selbst sind, die unter den prekärer gewordenen Sicherheitsverhältnissen leiden

- Leute, die vielleicht einst aus Kriegsgebieten flüchteten und nun wieder mit Gewalt konfrontiert sind.

Schweden hat es über Jahrzehnte verpasst, seine explizit humanitär ausgerichtete Migrationspolitik mit effizienten Mechanismen der Integration der Zuwanderer zu unterlegen. Im Gegenteil hat eine Kombination von Faktoren dazu beigetragen, Segregation sogar zu zementieren. Dabei geht es um Eigenheiten der Gesellschaft an sich, aber auch Charakteristiken etwa des Wohnungs- und Arbeitsmarktes, wo Outsider auf Kosten von Insidern grundsätzlich benachteiligt sind.

Diese Umstände haben der Entstehung von Parallelgesellschaften Vorschub geleistet. Einer Auseinandersetzung mit dem Thema ist die Politik allerdings lange ausgewichen. Erst die Überforderung Schwedens durch die grosse Flüchtlingswelle von 2015 hat eine Debatte dazu in Gang gebracht hat, welche Art Multikulturalität es denn eigentlich anzustreben gelte, was man als Gesellschaft dafür zu leisten bereit sei und was man im Gegenteil von den Zuwanderern als Beitrag einfordern sollte.

Eine Negativspirale droht

Diese Debatte gälte es nüchtern zu führen, doch nun wird sie durch das Thema der Kriminalität aufgeheizt. Dabei wird immer wieder darauf hingewiesen, dass es viele junge Erwachsene oder gar Teenager sind, die sich an den Bandenkriegen beteiligen. Die Polizei spricht von insgesamt rund 800 jungen Menschen, vorwiegend zwischen 15 und 25, die in Stockholm, Göteborg und Malmö als Mitglieder lokaler Gangs Zugang zu Schusswaffen hätten.

Eine Untersuchung der schwedischen Ombudsstelle für Kinder- und Jugendfragen hat die Umstände beleuchtet, welchen Minderjährige in den sozial exponierten Vorstadt-Gebieten ausgesetzt sind. Gegenüber der Internet-Publikation «The Local» sagte eine Vertreterin des Amtes, für Kinder aus dieser Umgebung seien Bandenkriminalität, Drogenhandel, gewalttätige Auseinandersetzungen und Schiessereien ein Teil des Alltags, in dem sie aufwüchsen; zusammen mit schwierigen Familienverhältnissen und Erfahrungen mit Rassismus. Das erzeuge ein Gefühl der Ausgeschlossenheit, Verletzlichkeit und fehlender Perspektiven. Die Kinder trauten sich keine Schulerfolge zu und verlören das Vertrauen in ihre Zukunft.

Das ist für Schweden eine schlechte Nachricht. Sie zeigt, dass eine Generation von Secondos herangewachsen ist, für die Schweden nicht ein Licht der Hoffnung ist (wie noch für ihre Eltern), sondern ein Land von Ausgrenzung und Perspektivlosigkeit.

Der Bericht war von der Regierung in Auftrag gegeben worden, um das Risikopotenzial für die islamistische Radikalisierung Jugendlicher in diesen Vorstädten einzuschätzen. Er taugt indes ebenso als Erklärung dafür, weshalb sich die Bandenkriminalität ausbreitet und zu-

sehends jüngere Altersschichten erfasst.
Und er deutet auf eine drohende Negativspirale hin. Denn die Jugendlichen, die heute Teil krimineller Banden sind, sind das Resultat einer gescheiterten Integrationspolitik der letzten zwanzig Jahre. Wenn es Schweden jetzt nicht gelingt, das Steuer herumzureissen, wird in den Problem-Vorstädten die Zukunft noch düsterer."

NZZ Digital vom 05.03.2018
https://www.nzz.ch/international/schwedens-zerplatzter-
integrations-traum-ld.1362803

Im NZZ-Artikel wird bemängelt, das nach christlichen Maßstäben eigentlich vorbildliche Schweden habe es „über Jahrzehnte verpasst, seine explizit humanitär ausgerichtete Migrationspolitik mit effizienten Mechanismen der Integration der Zuwanderer zu unterlegen". Doch welche "effizienten Mechanismen" sollen das sein? Leider werden sie auch im Artikel nicht benannt und lediglich durch die Unterstellung ersetzt, einheimische Schweden hätten immer noch Vorteile gegenüber Migranten wegen ihres "Insiderwissens", Migranten seien in dem vorbildlichen Schweden einem "Rassismus" ausgesetzt, zögen sich deshalb "verletzlich", "perspektivlos", ohne Selbstbewusstsein zurück und dies alles sei allein für die Entstehung krimineller islamistischer Parallelgesellschaften verantwortlich.

Die Realität sieht leider anders aus. Aus der Vorgeschichte von Fardeen A. können wir sie ablesen: Er wurde trotz offensichtlich "effizienter Mechanismen der Integration", ohne jede Diskriminierung, mit den allerbesten gesellschaftlichen und beruflichen Perspektiven usw. und trotz aller vom BKA empfohlenen "Schutzfaktoren" gegen eine islamistische Radikalisierung dennoch zum islamistischen Gefährder! Doch auch wegen vielen anderen, ähnlich gelagerten Fällen müssen wir vermuten, dass nicht nur in Schweden, die Integration islamistischer Migranten aus psychologischer Sicht einer Quadratur des Kreises gleichkommt. Wir müssen vielmehr die beunruhigende Schlussfolgerung ziehen, dass die Zahl fanatisierter und neurotisch-psychotisch fanatisierbarer islamistischer Migranten und ihrer konvertierten einheimischen Mitläufer noch um ein Vielfaches größer ist, als es die schwedische Kriminalstatistik oder die des Bundeskriminalamtes nahelegen. Beschränken sie sich doch auf auffällig gewordene islamistische Gefährder und "relevante Personen". Sie sind aber besonders dann ungleich größer, wenn auch noch mögliche persönliche Schicksalsschläge und deren Auswirkungen auf islamistisches Gewaltverhalten hinzu genommen werden (u.a. persönlich erlebtes Unrecht, kriminelle "sündhafte" Verfehlungen, die religiös durch einen Märtyrertod "gebüßt" werden können oder Krankheit und Tod bei Familienangehörigen in der Heimat evtl. sogar als Folge "westlicher" US-Nato-Kriegshandlungen). Dann muss die Dunkelziffer religiös zu bewältigender Zwangsneurosen und möglicher neurotisch-psychotischer Entwicklungen mit suizidaler Selbst- und/oder Fremdgefährdung weit höher eingeschätzt werden. Sie kann sogar lawinenartig zunehmen, wenn massenneurotische und -psychotische Kettenreaktionen Zustände einer Art *folie à millions* erzeugen, wie sie jetzt schon in no-go-Stadtteilen und historisch z.B. aus der durch Zuwanderung und Demografie bekannten multikulturellen Bürgerkriegsenwicklungen im Libanon oder im ehemaligen Jugoslawien bekannt sind.

Aber wo jetzt schon der Rauch rassistischer sexueller Übergriffe auf "ungläubige" "weiße Frauen" aufsteigt, von religiösem Hass-, materieller und sexueller Neidkriminalität gegen junge weiße Männer, von jungen Männern mit rassistischem Minderwertigkeitskomplex, die heimatlos, sexuell und religiös frustriert nicht die Motivation aufbringen, die Sprache der "gottlosen" Kriegsverbrecher zu erlernen und für diese zu arbeiten, von Hasspredigern, die Fußgängerzonen für die Verbreitung islamistischer Hetze unter jungen Migranten missbrauchen, sollen in christlicher Büßermanier dennoch die Gastgeber wegen mangelhafter Integrationsbemühungen die Schuld an dem Feuer tragen. So will es eine Große Koalition von Wirtschaftsvertretern, Nato-Militärstrategen und Kirchenoberen, damit christlich motivierte "Flagellanten" (GEBHARDT, 2016) ihnen weiter zu Diensten sind.

Eine fachlich überforderte *Psychiatrie* mit weit verbreitetem Helfersyndrom und eine politisch angepasste Justiz tragen ihren Teil zum Unglück von Migranten, ihren Gastgebern und 1 Milliarde Notleidender in den Elendsregionen bei. Sie müssen sich bis heute den Vorwurf der unterlassenen Hilfeleistung bei suizidalen islamistischen Attentätern gefallen lassen. Ganz zu schweigen von der Gefährdung von unzähligen Menschenleben in ganz Europa, weil Psychiatrie und Justiz fachlich unfähig und zu ängstlich sind, auf die Selbst- und Fremdgefährdung zu reagieren, die von sozial und kulturell entwurzelten, materiell, religiös und sexuell frustrierten islamistischen Fanatikern ausgeht. Längst hätten islamistische Gefährder mit suizidalem und gemeingefährlichem seelischem Störungsbild, auch um vor sich selbst geschützt zu werden, durch rechtzeitige *psychiatrische Zwangseinweisung* Hilfe erhalten müssen!

Doch welche "effizienten Mechanismen der Integration" (NZZ, s. oben) könnten wenigstens die schlimmsten Folgen einer seelisch pathogenen christlichen "Flüchtlingspolitik" abmildern. Eine Integration *migrationsneurotisch belasteter* Zuwanderer, wie wir sie beschrieben haben, in eine hoch technisierte, freiheitlich-demokratische Gesellschaft, die zugleich auf dem sozialen Wettbewerb insbesondere um Arbeitsplätze, ausreichender Entlohnung, verknapptem Wohnraum usw. basiert, muss aus psychologischer Sicht als äußerst aufwendige, jahrzehntelange therapeutische Aufgabe erscheinen. Gesellschaftspolitisch führt sie aber dann immer noch unweigerlich zu einem Verteilungskonflikt zwischen unter größtem Aufwand teuer zu integrierenden Zuwanderern und darüber zwangsläufig zu kurz kommenden Millionen von Einheimischen, seit Generationen in Deutschland verwurzelten Geringverdienern, Armutsrentnern, Arbeitslosen usw., die fortan den Almosentopf mit "verhaltensauffälligen"

Kulturfremden teilen sollen. Es muss nicht besonders ausgeführt werden, dass die neurotische Gewaltsymptomatik der migrantischen Konkurrenten bei der Verteilung von Arbeit, Lohn, Wohnraum, Almosen, LebenspartnerInnen usw. den Argwohn einheimischer BürgerInnen und insbesondere von Armutsopfern nicht gerade besänftigt.

Sicherheitspolitisch stellen migrationsneurotische Parallelgesellschaften eine Herausforderung dar, der langfristig zumindest durch sichere europäische Außengrenzen und einen sofortigen Zuwanderungsstopp entschärft werden könnte. Dieser muss selbstverständlich auch für einen Familien- und Clan-Nachzug gelten, der nur verfassungsfeindliche islamistisch-patriarchale Familien- und Clanstrukturen importieren und migrationsneurotisches seelisches Leid über noch mehr Familienmitglieder bringen würde.

Dann bliebe aber immer noch die Aufgabe, für die bereits nach Europa massenhaft gelockten und vertriebenen Armuts- und Kriegsflüchtlinge eine für ihre angespannte bis neurotische Seelenlage angemessene Lösung zu finden. Diese kann auch in einer materiell und logistisch geförderten *Reemigration* in ihre Heimatländer bestehen. So könnten freiwillige Heimkehrer und abgeschobene kriminelle "Flüchtlinge" mit Unterstützung Europas den Wiederaufbau ihrer Länder in Angriff nehmen und zugleich ihre migrationsneurotischen inneren Konflikte und sonstigen seelischen Dauerbelastungen auf natürlichem Wege auflösen.

Wer allerdings eine Rückkehr in seine Heimat, aus welchen Gründen auch immer verweigert, sollte aus sozialer Gerechtigkeit keine Privilegien erwarten dürfen gegenüber Einheimischen und gegenüber jenen Notleidenden, die in den Elendsregionen hart an dem (Wieder-) Aufbau ihrer Heimat arbeiten. Eine solche Gleichstellung hätte damit zu beginnen, dass eine wehrhafte, freiheitlich-demokratische Gesellschaft im Interesse der Mehrheit von Einheimischen ihre Verfassung und ihre Werte des Zusammenlebens auch gegenüber islamistischen Parallelgesellschaften verteidigt. Statt ängstlicher, vorauseilender politischer, wissenschaftlicher und kultureller Unterwerfung, muss sich eine aufgeklärte demokratische Gesellschaft in Schulen, Universitäten und Medien offen mit einem totalitären Islamismus auseinandersetzen, mit dessen *historischen Wurzeln* und *religiösen Psychotechniken*.

Wie dies narrativ geschehen könnte, wie nichtmuslimische und migrantische Jugendliche aus Parallelgesellschaften über die historischen Wurzeln der sog. abrahamitischen Religionen aufgeklärt werden könnten, um sie gegen islamistische und kriminelle Verführungen zu immunisieren, sei im Folgenden einmal dargestellt (anhand der Toleranz bzw. der gewalttätigen Wutreaktion eines Islamisten auf die darin enthaltenen wissenschaftlichen Fakten, ließe sich zugleich sehr gut dessen Störungsgrad auf dem Kontinuum zwischen religiöser Neurose und religiösem Wahn abschätzen):

"Beim ersten Sonnenlicht wachte ich denn auch prompt auf. Gabi schlief noch neben mir als ich leise, ohne

mich viel zu bewegen, nach meinem e-book-Reader griff. Ich schlug die dunkel-blaue lederne Klapphülle auf, gelangte mit einem Wisch zum Inhaltsverzeichnis des Readers und gab ihm dann Zeit, sich mit seinem Server zu synchronisieren. Einen kurzen Augenblick später zeigte er etwa ein Dutzend neuer Artikel lesebereit an. Ich begann zu lesen und wollte nicht mehr aufhören. Immer größer wurde mein Interesse mit jedem Satz, den ich lesen durfte. Ich schien wirklich auf der richtigen Spur zu sein. Nach etwa zwei Stunden, Gabi hatte sich gerade zu mir gedreht und die Augen geöffnet, glaubte auch ich, dass mir die Augen geöffnet worden waren - über die Geschichte der jüdischen, christlichen und islamischen Weltreligionen und wie eine wissenschaftliche Geschichtsschreibung sie kritisch sehen musste. Sie war nicht einmal schwierig zu verstehen - denn die Wahrheit war ohnehin meist einfacher als die Lüge, die der komplizierten Verschleierungen, Verklausulierungen und Ablenkungen bedurfte.

„Du, ich glaub' diese ganzen Wüsten-Religionen - das waren eigentlich gar keine Religionen.", begann ich unvermittelt zu Gabi zu sprechen, die mir wach genug zu sein schien. „Das waren die ersten primitiven Parteien in der Menschheitsgeschichte. Die haben von Anfang an Politik gemacht. Wie die CDU und all die anderen Flagellanten-Parteien bei uns auch - ob mit oder ohne „C" - nur dass die nicht auch noch behaupten, ihr Parteiprogramm sei einst

Konrad Adenauer von einem rheinischen Engel überbracht worden - auf 10 Tontafeln auf dem Bonner Petersberg.", höhnte ich. „Aber Spaß beiseite. Bei den Juden fing das schon an und bei den Christen und den Islamisten war's auch nicht anders. Diese Wüstenvölker hatten damals noch keine Politik - die war einfach in der Religion mit drin oder umgekehrt: Die Religion war mit im Parteiprogramm mit drin. Aber im Grunde der gleiche Betrug wie heute. ‚Christliche Politik' - wenn ich das schon höre! Mit der Religion für brave Untertanen sorgen, darum geht's doch - frei nach dem Bibelspruch: ‚So gebet dem Kaiser, was des Kaisers ist, und Gott, was Gottes ist!' Wenn man ein guter Christ sein will, soll man den Staat machen lassen. Nur brav seine Almosen verteilen, damit der Staat sich nicht um Arbeit und gerechten Lohn kümmern muss und schon kommen alle in den Himmel. Dass ich nicht lache! ‚Christliche Politik' - klingt wie katholische Rasierseife und evangelisches Müsli! Hätte es damals die CDU schon gegeben, hätte sie bei Juden und Arabern glatt zur Staatsreligion werden können. So ahnungslos wie die damals waren. Politik als Gottesbotschaft - so einfach ist das! Andererseits verständlich: Die konnten nicht lesen, nicht schreiben - totale Ahnungslosigkeit und die ganze Welt voller Rätsel! Allerdings hätten sie mit dem Parteiprogramm der CDU ziemlich wenig anfangen können. Selbst wenn sie's hätten lesen können. Die hätten's gar nicht verstanden - viel zu kompliziert und außerdem langweilig. Und korrupte Journalisten und Staatsfernsehen gab's auch noch nicht, die dem Volk die CDU-Politik hätten einhämmern können. Denen musste die Politik noch als Mund-zu-Mund-Propaganda beigebracht werden und das möglichst kindgerecht. Man muss sich vorstellen, die waren ja in ihrem Wissen wirklich auf dem Stand von 5-Jährigen - wenn das nicht schon zu hoch gegriffen ist! Denen konntest du wirklich alles erzählen. Leichtgläubig wie kleine Kinder! Woher sollten sie auch ihre Bildung haben? Nur Vakuum, das darauf gewartet hat, mit irgendwas gefüllt zu werden. Und wie kann man Kindern etwas beibringen, dass sie es begreifen? Wie bringt man sie dazu, dass sie einem zuhören?", fragte ich Gabi auf einmal, die ihre Augen noch gar nicht richtig geöffnet hatte. / „Ich weiß nicht. Aber Kinder hören gerne Geschichten." / „Genau!", sagte ich und war froh, dass Gabi meinen langen Vortrag nicht als morgendliche Ruhestörung empfunden hatte. „Genau so haben sie's gemacht. Die Parteien haben den Leuten Märchen erzählen lassen! Die haben ihr Parteiprogramm einfach in spannende religiöse Geschichten gepackt und sie den Leuten immer wieder erzählt - diesen großen Kindern. Wie gebannt müssen die den Märchen zugehört haben. Alles haben die geglaubt! Wie ein Lauffeuer müssen sich die religiösen Politgeschichten unter den Leuten verbreitet haben. Endlich hat ihnen mal einer gesagt, wo's lang geht und einen Platz im Paradies gab's für Parteimitglieder noch obendrauf. War die Religionspartei dann stark genug, wurde ihr Vorsitzender auch Alleinherrscher und die Partei wurde zur Staatspartei. Jeder im Volk hatte die gleiche Religion und war damit auch auf Parteilinie. Der Traum aller Diktatoren! Den Anfang hat die jüdische Partei gemacht - so etwa ab dem 6. Jahrhundert vor unserer Zeitrechnung. Die hatten ein immenses Problem politisch zu lösen. Die waren wohl in 12 Stämme zersplittert und obendrein waren Teile von denen auch noch aus Jerusalem ins babylonische Exil vertrieben worden. Um die trotzdem alle zusammenzuhalten, hat sich unter den Juden so eine Art jüdische Exilpartei entwickelt. Ihre oberste politische Parole war natürlich ,Zurück in die Heimat!'. Das wurde der angeblich göttliche Auftrag der Partei. Und zwar von ihrem eigenen jüdischen Nationalgott natürlich, dem "Jahwe". Die jüdischen Priester haben sich gedacht: ,Bevor das Volk sich den Babyloniern anpasst und wir überflüssig werden, führen wir einen eigenen jüdischen Nationalgott ein. Dann ist endlich auch mal mit der Vielgötterei Schluss. Ein Einheitsgott einigte alle jüdischen Stämme und die ständigen Multi-Kulti-Kriege unter denen hatten ein Ende.' Der Nationalgott hat den Leuten dann natürlich auch gleich gesagt, wo's politisch lang geht. Damit sich jeder Jude an das Parteiprogramm gehalten hat, gab's die üblichen Versprechungen: Etwas Besonderes zu sein, die anderen aus dem Weg räumen zu dürfen, ewiges Leben und Paradies. Pass auf, ich les' dir mal was vor. Du sagst mir dann zu welcher Religion das am besten passt." Ich hatte meinen Reader noch in der Hand. Einige Wischgesten und ich hatte den Text, den ich suchte. „Also, hör mal zu, was hier steht: ‚Der Notzüchter braucht kein Schmerzensgeld zu zahlen, weil das Mädchen diese Schmerzen später unter ihrem Ehemann gehabt haben würde." / „Das hört sich aber nicht gerade frauenfreundlich an, eher nach Macho-Gottesstaat. Das ist bestimmt aus dem Koran.", meinte Gabi halb gähnend und sah mich dabei mit verschlafenen Augen an. / „Tja, knapp daneben ist auch daneben. Das stammt aus dem jüdischen Talmud, nach dem sich die jüdische Rechtsprechung orientiert. Das war wohl der allgemeine Zeitgeist unter den Wüstenvölkern damals. Ob Juden oder Araber - alles Machokulturen. Die Frauen waren da nur Gebärmaschinen, Haushaltshilfen und Sexsklavinnen. Es kommt aber noch volksverhetzender. Was hältst du davon? ‚Sobald der Messias kommt, sind alle Nichtjuden Sklaven der Jisraéliten.' oder ‚Wenn jemand einen Jisraéliten ohrfeigt, so ist es ebenso, als hätte er die Gottheit geohrfeigt.' oder ‚Die Völker werden zu Kalk verbrannt. Gleich wie der Kalk keinen Bestand hat, sondern verbrannt wird, so haben auch die weltlichen nichtjüdischen Völker keinen Bestand, sondern werden verbrannt.' oder ,Dem Jisraéliten ist es erlaubt, den Goj zu unterdrücken.' - mit Goj sind bei den Juden die ,Ungläubigen' gemeint. Und dann das noch: ,Den besten der Gojim sollst du töten.' Man stelle sich jetzt vor, das würde ein Islamist lesen, der genau so auch über die Juden denkt. Da kann ja nur Krieg bei rauskommen! Sowas findet sich im Alten Testament, im Koran und genauso im Talmud. Und 2000 Jahre später wird wegen dieser heiligen Volksverhetzung, wegen diesem religiösen Größenwahn immer noch gemordet! Wie fertig müssen die Leute sein, nach solchen Polit-Religionen sich noch ihr Leben gegenseitig schwer zu machen! Die jüdische Heimatpartei hatte übrigens auch noch die sieben noachitischen Gebote auf Lager. In denen steckte schon der Großteil ihrer Politik drin: in der Rechtspolitik wurde die Schaffung von Gerichten gefordert und Mord, Diebstahl und Ehebruch waren genauso verboten wie Vielgötterei, Gotteslästerung und der Verzehr von blutigem Fleisch - Tiere mussten sich grausam abschlachten lassen und bei vollem Bewusstsein langsam ausbluten. Ansonsten hatte die jüdische Vertriebenenpartei gleich drei große Ehrenvorsitzende. Alle im 'biblischem Alter' sozusagen. Der Urvater Noach, der seine drei Söhne mit 500 Jahren gezeugt haben soll und laut jüdischer Legende 950 Jahre alt geworden war. Der sollte den Leuten klar machen, dass die Vielgötterei nur zu Sintfluten führt und nur die Eingottanhänger mit ihrer Arche überleben dürfen. Dann war da noch der Urvater Moses und einen Urvater Abraham gab's auch noch. Der schwor vorbildlich als Erster dem Durcheinander an Göttern ab und wollte nur noch einen allmächtigen Gott - einen Diktator halt. Von dem wollte er auch gleich den Auftrag erhalten haben, das jüdische Volk ins gelobte Land Kanaan zu führen. Sozusagen als göttlicher Beauftragter für nationale Einheit und Siedlungspolitik. Mit Kamelen soll er schon durch's Land gezogen sein, obwohl Historiker herausgefunden haben, dass die zu seiner Zeit eigentlich noch gar nicht als Reittiere genutzt wurden. 175 Jahre soll der Urvater Abraham alt geworden sein. Das haben die Leute damals wahrscheinlich auch wirklich geglaubt. Woher sollten die auch wissen, dass kein Mensch 175 Jahre alt werden kann? Die Leute haben die Heldengeschichten jedenfalls verschlungen und anschließend alle nur noch den einen Gott angebetet und waren somit politisch geeint. So konnten die Juden dank ihrer Gottespartei als Kulturvolk überleben. Die nächste politische Krise ließ allerdings nicht lange auf sich warten. Denn etwa vier Jahrhunderte später gerieten die Juden unter die römische Besatzung. In der Zeit entstand die nächste Partei. Da die Juden nach etlichen verlorenen Kämpfen gemerkt hatten, dass gegen die Römer jeder Widerstand zwecklos war, haben sie sehr klug aus der militärischen Not einfach eine religiöse Tugend gemacht.

Statt ‚wir sind die Größten‘ und ‚Zurück in die Heimat‘ war jetzt ‚Liebet eure Feinde‘ angesagt. Schließlich hatten die Römer ihnen ja auch etliche zivilisatorische Errungenschaften gebracht. Daraus entwickelte sich dann die Partei der Feindesliebe, das Christentum. Die wollten so selbstlos und friedlich sein, dass sich ihr Parteigründer sogar für die angeblichen Sünden der Menschheit hat kreuzigen lassen. So eine Friede-Freude-Eierkuchen-Partei gefiel den römischen Besatzern natürlich. Untertanen, die sich geduldig quälen ließen und auch noch die linke Backe hinhielten, wenn ihnen die Römer schon auf die rechte geschlagen hatten - das hat den Besatzern das Herrschen natürlich erheblich erleichtert. Also haben sie das Parteiprogramm der Christen später zu ihrer eigenen Staatsreligion gemacht. Gotteskrieger, die die Welt erobern sollten, wie später im Islam, brauchten die Römer ja auch nicht. Die hatten ja schon ihr Imperium. Das Christentum hat nur überall für brave römisch-katholische Untertanen sorgen sollen. ‚Gebt dem Kaiser, was des Kaisers ist.‘, das sollte die Devise der Christen sein! Mit ihrer Erbsünde sollten sie beschäftigt sein und dem Leiden Christi nacheifern. Als römische Staatsreligion hatte die Christenpartei natürlich mächtig Zulauf. Dafür hat dann schon der Staat gesorgt. Bis heute. Ihr Parteiprogramm mit christlicher Rechtspolitik, Familienpolitik, Sozialpolitik und ihre Nächstenliebe in allem bis zur Selbstkreuzigung, waren von da an Teil der abendländischen Geschichte. Solange die Römer im Land waren, herrschte auch unter den arabischen Stämmen Ruhe und Ordnung. Die gut organisierten Römer haben den arabischen Sauhaufen mühelos erobert und mit ihrer Besatzungsmacht, ihren Bauwerken und technischen Neuerungen jahrhundertelang für Ordnung und Fortschritt gesorgt. Als sich aber die Römer 622 aus den besetzten arabischen Gebieten wieder zurückgezogen haben, begann das Problem für die Araber wieder von vorne. Prompt sind die Stämme wieder übereinander hergefallen und das Chaos war wieder perfekt: Umherziehende Räuberbanden, verfeindete Clans, Stammeskriege, kein funktionierender Staat, keine gemeinsame Verteidigung gegen äußere Feinde usw. Außerdem waren die einen Christen, andere Juden und viele hingen auch noch an ihrer altarabischen Vielgötterei. „Hast du übrigens gewusst, dass die über 300 verschiedene Götter hatten?", schob ich ein, ohne eine Antwort von Gabi zu erwarten. „Wie sollte aus so einem Multikulti-Haufen ein geeintes arabisches Staatsvolk werden? Das konnte genauso wenig gelingen wie heute in Afrika, wo verfeindete Stämme immer noch übereinander herfallen. Die sind heute noch unregierbar, wenn keiner durchgreift. In ihrer Verzweiflung haben sich die ersten arabischen Möchtegern-Herrscher gedacht, wir machen's wie die Römer, und einen das Volk durch eine gemeinsame Religion.

‚Eine eigene arabische Religionspartei muss her!' Die sollte wie die Judenpartei auch zuerst einmal das Durcheinander an Göttern abschaffen. Damit die Leute religiös geeint sind und sich so langsam auch an eine politische Alleinherrschaft gewöhnen. ‚Ein Volk, ein Gott, ein Herrscher' oder so ähnlich - kennt man ja.", schob ich mit einem spöttischen Unterton nach. „Da die ersten arabischen Herrscher, die nach 622 an die Macht gekommen waren Christen waren, war natürlich auch die Araberpartei christlich orientiert. Allerdings anders als die römisch-katholischen Christen, weil sie syrische Christen waren. Und das war für ein eigenes religiöses Profil der Araber auch noch gar nicht mal so schlecht. Denn die syrischen Christen hatten einen unbedingten Eingottglauben nach dem Vorbild des alten Testaments und keine Dreifaltigkeitslehre wie die Römer. Damit war der arabische Gott, der bei den Arabern übrigens schon immer 'Allah' hieß, der unumschränkte Herrscher. Jesus war da kein Gottessohn, sondern nur ein Prophet. Der Allah gab also nichts von seiner Macht ab - wie in der Politik. Die politischen Herrscher wollten ja schließlich auch allein über die arabischen Stämme herrschen. Die syrischen Christen waren übrigens deshalb nicht römisch-katholisch, weil sie eine Zeitlang nach Persien deportiert worden waren. Die hatten den Konzilsbeschluss von Nicäa im Jahre 325 nicht mit gemacht. Damals hatte ja die römisch-katholische Kirche für sich beschlossen, Jesus müsse der leibhaftige Sohn Gottes sein. Die ostsyrischen Christen aber behielten ihren strengen Eingottglauben bei. Für die war Jesus auch ein ‚Knecht Gottes‘, ‚abd Allah‘ und bekam den Titel ‚Gepriesener‘, arabisch ‚mohamad‘ - ahnst du schon was?", fragte ich spitzfindig nach und sah Gabi an, die sich immer noch bemühte, mir zuzuhören. „Jesus war für die syrischen Christen und auch für die neue arabische Einheitspartei nur ein auserwählter Prophet, der göttliche Botschaften unter die Leute gebracht hatte. Ansonsten gab es außer einem Allah kein anderes göttliches Wesen oder einen heiligen Geist, der dem ‚beigesellt‘ gewesen wäre - ‚Beigesellung‘ das ist das besondere Wort dafür, wenn es um Vielgötterei geht. Der erste arabische Herrscher, der dieses syrische Christentum den Arabern präsentiert hat, war Muawiya. Das war Mitte des 7. Jahrhunderts. Für seine Herrschaft gibt es wenigstens historische Belege. Im Gegensatz zu den angeblichen vier rechtgeleiteten Kalifen, von denen uns heute irgendwelche Salafisten was erzählen wollen - von wegen ‚ruhmreiches Kalifat‘ und so. Im 7. Jahrhundert gab es noch gar kein Kalifat bei den Arabern. Muawiya war schlichtweg ein christlicher Herrscher, der sich als ‚abd Allah‘, als Knecht Gottes gesehen hat. Das hat er auch seinen Arabern so rüber gebracht. Zum Beispiel durch die Inschriften in den Bädern von Gadara, die unter seiner Herrschaft entstanden sind. Dort benutzt er auch die neue Zeitrechnung der Araber. Die war nämlich ab 622 eingeführt worden nach der Unabhängigkeit von den römischen Besatzern. Das hab ich dir noch gar nicht gesagt: 622 hatten arabische Truppen an der Seite der Römer gegen die Perser gekämpft und zusammen hatten sie gesiegt - wie hieß der römische Kaiser damals noch?" Ich überlegte kurz, dann fiel es mir wieder ein: „Heraklios, ja, ich glaub so hieß er. Der hat dann dieses berühmte Kreuz der Christen nach Jerusalem zurückbringen lassen. Nachdem es die unchristlichen zoroastrischen Perser zuvor von dort verschleppt hatten. Weil die Römer von den Wüstengegenden sowieso die Schnauze voll hatten und sich gesund schrumpfen wollten, bekamen die Araber zum Dank für ihre Unterstützung von den Oströmern ihre Unabhängigkeit. Und deshalb haben die dann 622 eine eigene Zeitrechnung begonnen - die ‚Ära der Araber'. Als die arabischen Stammesfürsten dann wieder angefangen haben, sich die Köpfe einzuschlagen, hat Muawiya als erster neuer arabischer Herrscher versucht, einigermaßen für Sicherheit und Ordnung unter den Stämmen zu sorgen - und er hat einiges bauen lassen - auch diese Bäder von Gadara. Das Sensationelle an denen war eine Inschrift. In der ist zuerst einmal das Baujahr auch in der neuen Zeitrechnung der Araber angegeben. Nämlich als das Jahr 42 ‚nach den Arabern' und nicht etwa, wie es nach islamischer Legende hätte heißen müssen ‚nach der

Hidschra'. Dann hätte hinter der Jahreszahl nämlich ein ‚h' stehen müssen. Was die Hidschra gewesen sein soll, weißt du ja?" / „Ja, hab ich im Religionsunterricht mal was davon gehört. Dieser Mohammed soll wohl von Mekka nach Medina ausgewandert sein oder war das umgekehrt?", antwortete Gabi etwas unsicher. / „Nee, ist schon richtig. Der Legende nach hat er einfach mal so seinen Stamm verlassen - was für einen Araber damals natürlich undenkbar gewesen wäre. Politisch ist diese Geschichte aber natürlich genau das, was die Einheitspartei den Arabern beibringen wollte: Die Stämme sind unwichtig, nur die arabische Nation zählt. Jedenfalls hätte Muawiya, wenn es einen arabischen Propheten und seine Hidschra gegeben hätte, natürlich ein islamischer Herrscher sein müssen. Was hat er aber gemacht, dieses Schwein?", fragte ich nun mehr rhetorisch mit einem süffisanten Unterton. „Er bezeichnete sich in der Inschrift nach christlicher Sitte als ‚abd allah', als Knecht Gottes und setzte vor seinen Namen obendrein auch noch ein christliches Kreuz. Das sollte natürlich eine Botschaft, eine christliche Botschaft an seine Zeitgenossen sein!", betonte ich und war kaum noch zu bremsen: „Das ist für gläubige Muslime natürlich ein Hammer! Ein arabischer Herrscher, nachdem ein angeblicher arabischer Prophet die Araber angeblich bereits islamisiert hat, lässt ein Kreuz in Stein meißeln! Das muss man sich mal auf der Zunge zergehen lassen! Welten müssten für die Moslems eigentlich zusammenbrechen. Aber was sagen diese Fanatiker, diese Wahnsinnigen? Der Handwerker, der das gemeißelt hat, sei sicher ein Christ gewesen und habe seinem Auftraggeber ein christliches Kreuz untergejubelt! Na, Prost Mahlzeit, kann ich da nur sagen. Aber man kann ihnen keinen Vorwurf machen. Ist das Gehirn erstmal religiös programmiert, kann es nicht anders. Denen kannst du erzählen was du willst. Die Wahrheit wird immer umgeleitet zu noch mehr Wahn. Ihr Gehirn kann die Wahrheit einfach nicht begreifen! Die geraten höchstens in Panik oder in Wut. Dieser Muawiya hat dann nur den Fehler gemacht, sich mit den einstigen Besatzern anzulegen. Vielleicht hat er sich zu sehr über die Tribut-Zahlungen an die Römer geärgert, die die Araber immer noch an der Backe hatten. Vielleicht war es aber auch schon arabischer Größenwahnsinn oder er hat gemeint, er könnte mit einem Sieg über die Römer alle Stämme endlich hinter sich bringen. Jedenfalls hat er vier Jahre lang vergebens vor Konstantinopel auf der Lauer gelegen und musste sich dann von den Römern geschlagen geben. Danach hat man ihn natürlich in die Wüste geschickt" / „Ja, aber wann wurde aus dem syrisch-christlichen Parteiprogramm, wie du das nennst, endlich mal das islamische Parteiprogramm - also dieser Koran, wie er heute noch existiert?" / „Das hat noch gedauert. Der Koran, wie er heute in Umlauf ist, das ist ja praktisch nur die letzte Fassung. Die ist etwa aus dem 12. Jahrhundert. Es sind ja unzählige Fragmente des Korans gefunden worden, aus mehreren Jahrhunderten. Die sind alle unterschiedlich und gehen alle auf eine uralte Textsammlung syrischer Christen zurück. Es wäre also nicht verwunderlich, wenn man eines Tages Koranfragmente finden würde, die älter sind als der angebliche Prophet, dem sie von 610 bis zu seinem Tode 632 offenbart worden sein sollen! Diese uralte Sammlung von biblischen Texten wurde von den syrischen Christen schon ‚Qeryan‘ genannt. Sie war das ursprüngliche Programm der arabischen Einheitspartei. Die hatten die syrischen Christen schon seit dem zweiten Jahrhundert - ein Tation, so hieß er glaub ich, hat sie so um 170 christlicher Zeitrechnung niedergeschrieben gehabt. Die war so was wie eine Zusammenfassung der vier Evangelien über das Leben von Jesus - also eine ‚Evangelienharmonie‘, wie man das nennt. Etliche Stellen des Korans ähneln noch heute, denen in diesem Qeryan. Gleichnisse, Geschichten über die Kindheit Marias, über Johannes den Täufer, über Jesus und seine Kreuzigung. Im Koran werden auch die gleichen biblischen Namen verwendet - also Adam, Abel, Noah und so weiter. Niedergeschrieben wurde die erste Koranfassung natürlich nicht in arabischer Schrift - die gab es ja noch nicht. Die Hauptsprache damals für den arabischen Raum war das Syroaramäische. Erst Abd al-Malik, der nach Muawiya an die

Macht kam, hat die aramäische Fassung des christlichen Korans erstmals in ein erstes Arabisch übersetzen lassen. Das war sozusagen Teil seiner Parteiarbeit, um die Araber hinter sich zu bringen. Die hatten ja dank Muawiya gerade mal wieder einen Krieg gegen die Römer verloren und dürften von ihren Herrschern mal wieder die Schnauze voll gehabt haben! Als Erstes hat sich Abd al-Malik also um eine gemeinsame arabische Schriftsprache auch für die Verwaltung gekümmert. Damit die vielen Stämme wenigstens eine gemeinsame arabische Schrift bekamen. Von wegen, ‚die göttliche Offenbarung wurde nach Mohammed gleich auf Arabisch niedergeschrieben!‘ Pustekuchen! Die erste arabische Schriftsprache hatte zunächst nicht einmal Vokale und etliche Zeichen konnten für mehrere Konsonanten stehen. Bei den ersten Übersetzungen der syrisch-christlichen Texte ins Arabische konnte natürlich auch munter interpretiert werden - ganz nach arabischem Gusto und wie es Abd al-Malik und seinen Nachfolgern politisch in den Kram gepasst hat. Neue Geschichten wurden hinzugefügt, oft im Widerspruch zu alten und alte Geschichten waren oft so falsch übersetzt worden, dass sie völlig unverständlich waren. Deshalb auch noch heute das Chaos im Koran und seine vielen sogenannten ‚dunklen Stellen‘, die übrigens auch für Araber ‚dunkel‘ sind. Auch die Sexphantasien arabischer Machos konnten beim Übersetzen so richtig aufblühen. Aus ‚weißen Trauben' wurden plötzlich verführerische Jungfrauen, die im Paradies auf die gläubigen Muselmanen warten sollten und aus dem Gürtel, den die Frauen nach dem christlichen Urkoran um die Lenden schlagen sollten, wurde ein Kopftuch, mit dem die Männer ihre Frauen vor den geilen Blicken ihrer Konkurrenten abschirmen wollten. Die syrischen Texte hatten für die Politik den großen Vorteil, das es in ihnen auch um das richtige Handeln eines gläubigen arabischen Christen ging. Umso einfacher konnten die Herrscher natürlich ihre Politik und ihre Moralvorstellungen als gottgefälliges Handeln in den Koran reinbringen. Rechtspolitisch sollte eine Frau als Zeugin vor Gericht nur halb so glaubwürdig sein wie ein Mann. In der Familienpolitik wurde erklärt, Frauen gehörten an den Herd und hätten nur die Hälfte von dem zu erben, was Männer erben. Frauen sollten nur einen Mann als Ehepartner haben dürfen während die Männer vier Frauen haben konnten. Wobei mir nicht ganz klar ist, wie das rechnerisch aufgehen sollte. Die Araber müssten ja demnach viermal mehr Frauen als Männer gehabt haben. Oder?", fragte ich mich und Gabi meinte nur: / „Kann ich mir nicht vorstellen. Haben die nicht eher die Mädchen beiseite geschafft? Waren die das nicht?" / „Weiß nicht. Aber wenn du mich fragst, das war Bevölkerungspolitik. Die haben wegen ihrer ständigen Stammeskriege und später 'heiligen Kriege' wahrscheinlich einen erheblichen

Männerschwund einkalkuliert. Damit dann trotzdem noch alle Frauen für frische kleine Stammeskrieger oder Gotteskrieger sorgen konnten, durfte jeder Mann gleich vier Frauen schwängern. Außerdem war es später auf Eroberungsfeldzügen in fremden Ländern wahrscheinlich praktischer, wenn die heiligen Krieger gleich auch vor Ort noch weitere Frauen heiraten konnten. Zwecks sexueller Versorgung im Feindesland und zur Verbreitung arabischer Gene. Das hebt die Kampfmoral, wenn Männer nicht nur Länder, sondern auch noch Frauen erobern dürfen. Du verstehst?", bemerkte ich schmunzelnd. „Erst wenn ihr Kontingent erschöpft war, mussten sie ihren Krieg halt beenden und mit ihrem Harem nachhause ziehen. Damit das Parteiprogramm für's Volk noch attraktiver wurde, wurde übrigens so einiges aus der alten Volksreligion der Araber übernommen. Auch wenn das zu den übrigen Programmpunkten nicht so recht gepasst hat. Altarabische Geschichten wurden zum Beispiel für parteikonform erklärt, obwohl in denen noch der Vielgötterei gefrönt wurde. So durfte es für die Araber immer noch böse und gute Geister geben. Sie durften sich weiter vor dem 'bösen Blick' fürchten und sogar ihre Mondgöttin und die Göttin des Morgensterns durften die Araber behalten - trotz Vielgöttereiverbot. Die sieht man heute noch. Überall Halbmond und Stern als Erkennungszeichen arabischer Herrschaft. Hauptsache, die Untertanen hielten Jesus nicht für den Gottessohn und wollten mit den Römisch-katholischen nichts zu tun haben. Ihre Herrscher wollten schließlich die Alleinvertreter Allahs auf Erden sein und die Beschützer der heiligen Stätten. Das war das Wichtigste. Und es zeigte Wirkung: Endlich ging es friedlicher zu unter den Stämmen und Clans. Immer mehr glaubten an die Geschichten aus dem christlichen Parteiprogramm für Araber. Die besondere syrisch-christliche Staatsreligion wurde natürlich auch stolz auf arabischen Münzen präsentiert. Auf die ließ Abd al-Malik in lateinischen Buchstaben ‚MHMT' prägen. Weil die Araber damals noch keine Vokale hatten, war das die arabische Schreibweise für ‚muhamat'. ‚Muhamat', der Gepriesene, war schon immer ein Ehrentitel für Jesus gewesen. Natürlich fand sich auch eine Jesusabbildung auf den Münzen und ein Kreuz oder ein Fisch oder ein anderes christliches Symbol. Das Kreuz ist nur irgendwann verschwunden. Abd al-Malik ließ es durch ein eigenes Symbol ersetzen. Er wollte es arabischer. Sein arabisches Christentum sollte ein eigenes Symbol haben - auch um sich von den Römern zu unterscheiden. Das waren ja auch schließlich die ehemaligen Besatzer und Feinde. Deshalb hat er auf Münzen das Kreuzsymbol durch das alttestamentarische Steinsymbol ersetzen lassen. Das war den Arabern nicht unbekannt. Die hatten sowieso einen uralten Steinkult und schon im alten Testament symbolisierten heilige Steinhaufen einen Vertrag mit Gott. Um die besondere christliche Botschaft seiner arabischen Einheitspartei aller Welt zu verkünden, hat Abd al-Malik aber noch eins drauf gesetzt. Er ließ eigens eine Kirche erbauen- über einem Felsen - den berühmten Felsendom. Den ließ er nicht etwa in Mekka oder Medina erbauen, wie man das nach den islamischen Geschichten erwarten müsste, sondern an einem heiligen jüdisch-christlichen Ort: nämlich in Jerusalem. Der Felsendom ist auch keine Moschee, sondern eine ganz normale Basilika im byzantinisch-christlichen Stil, ohne Minarette und auch ohne eine Gebetsnische, die nach Mekka ausgerichtet ist - wie das später islamische Sitte wurde. Gar nichts, was mit einer Moschee zu tun hat. Stattdessen findet sich im Innern des Felsendoms eine Inschrift mit dem besonderen Glaubensbekenntnis Abd al-Maliks und seiner arabischen Einheitspartei. Lang und breit befasst sich die Inschrift mit dem richtigen Jesus-Bild. Jesus wird als ‚Sohn der Maria' und wieder einmal als der ‚Gepriesene', als ‚muhamat' und als ‚Knecht' und ‚Gesandter Gottes' herausgestellt. Ausdrücklich warnt die Inschrift alle Welt vor der Dreifaltigkeitslehre der Römer. Wörtlich heißt es. Moment mal. Ich les' dir das am besten mal vor. Pass auf, nur die wichtigsten Passagen." Ich rief die Sammlung der Markierungen zu einem Buch in meinem Reader auf und fand schnell die richtige Stelle: „Hier steht's: ‚Es gibt keinen Gott außer Gott allein, er hat keinen Teilhaber. Gelobt sei der Knecht Gottes und sein Gesandter. Jesus Christus, Sohn der Maria, ist der Gesandte Gottes. So glaubt an Gott und seinen Gesandten und sagt nicht Drei."' Mir kann keiner erzählen, so ein Glaubensbekenntnis eines arabischen Herrschers, in dem es ständig um Jesus und seine Gottessohnschaft geht, könne irgendetwas mit einem Mohammed und dem Islam zu tun haben. Man kann sich das heute wahrscheinlich gar nicht mehr vorstellen, dass das für Christen damals so wichtig war: ob Jesus der Sohn Gottes war oder nicht, ob es einen heiligen Geist gab oder nicht, wer recht hatte oder nicht. Aber man muss verstehen, dass sich damals niemand durch einen Fehler das Paradies verscherzen wollte. Niemand wollte als Ungläubiger in der Hölle schmoren. Kannst du dir vorstellen, dass die jahrhundertelang immer wieder auf einen Weltuntergang gewartet haben?", unterbrach ich meinen Redefluss mit einer Frage. „Die permanente Angst, die die gehabt haben müssen, können wir uns heute gar nicht mehr vorstellen. Deshalb auch die Massenproduktion an Religionen. Die brauchten ihre Märchenbücher, um sich zu beruhigen, so in Panik waren die ständig. Die wollten gesagt kriegen, was der einzig wahre Glaube war. Abd al-Malik hat wegen der Jesus-Frage zwar keinen Religionskrieg gegen die Römer begonnen, aber immerhin einen Propaganda-Krieg. Ihre Dreifaltigkeitslehre aus Gottvater, Sohn und heiligem Geist sollte ihm jedenfalls nicht seine Araber verwirren und abspenstig machen. Die war sowieso zu kompliziert für die! Weißt du was „Quassas" sind?", fragte ich unvermittelt Gabi, um sie bei meinem morgendlichen Vortrag nicht gänzlich zum Schweigen zu bringen. / „Was, Quassas? Hört sich an, wie ein neues Elementarteilchen." / „Ja auch nicht schlecht. Aber das waren arabische Geschichtenerzähler, die damals durchs Land gezogen sind. Die konnten die Korangeschichten auch so richtig packend und theatralisch erzählen. Die haben mit ihren Geschichten auch die Werbung für die arabische Einheitspartei besorgt. Auf die Dauer scheinen die christlichen Geschichten aber nicht ausgereicht zu haben, um die Stämme politisch und religiös endgültig in den Griff zu kriegen. Deshalb haben die arabischen Herrscher ihr religiöses Parteiprogramm immer nationalistischer und kriegerischer werden lassen. Spätestens seit der Machtergreifung durch die Abbasiden in der Mitte des 8. Jahrhunderts wurde die arabische Einheitspartei immer mehr zu einer arabischen Welteroberungspartei. Ab da sollten wohl die Araber mit einem heiligen Krieg gegen die Ungläubigen geeint werden. Die Methode kennt man ja. Krieg und ein gemeinsamer Feind und plötzlich steht das Volk hinter seinen Diktatoren. Mit christlicher Nächstenliebe und ‚Liebe deine Feinde' hatten sie's dann natürlich nicht mehr. Die arabische Einheit sollte durch siegreiche Kriege nach außen und durch noch mehr staatlichem Terror nach innen endlich durchgesetzt werden. Aus dem christlichen Urkoran wurde unter den Abbasiden immer mehr eine Art Militärhandbuch für Gotteskrieger. Die Horrorgeschichten aus der jüdischen Thora und aus dem Alten Testament passten da gut dazu. Vor allem die Schilderungen von martialischen Eroberungen und Gräueltaten gegen Ungläubige. Noch mehr arabischer Nationalismus und Imperialismus und das Ganze mit göttlicher Lizenz zum Töten. Auch mit den eigenen Parteimitgliedern gingen die Abbasiden immer strenger um. Abweichler, die sich nicht der Parteilinie unterordnen wollten oder die Partei verlassen wollten, wurden hart bestraft. Man brauchte sich nur die schlimmsten Geschichten von Juden und Christen herauszusuchen. Da wurden Abweichler ja auch schon mit Plagen, Sintfluten, Krankheiten und dem Tode bestraft. Arabischen Herrschern gefielen natürlich auch die biblischen Anekdoten über die angeblichen Führer der Juden. So wie die Juden diesem Moses überallhin gefolgt waren, so sollten auch alle Araber endlich ihren arabischen Führern folgen. Die wollten natürlich auch die gleichen Rechte haben wie ein Moses. Sie durften andere Völker überfallen, abschlachten, vertreiben oder versklaven - ganz nach Belieben. Völkerverständigung? Pustekuchen! So entwickelte sich der Koran erst zum eigentlichen islamischen Parteiprogramm - so wie wir es heute kennen. Anders als mit diktatorischer

Macht nach innen und Kriegen nach außen waren die arabischen Stämme und Clans scheinbar nicht in Schach zu halten. Jeder Herrscher hat denn auch dem Koran passende Suren hinzugefügt. Deshalb ist Alkohol im Koran in Sure 16, Vers 67 auch eine Selbstverständlichkeit. Dort wird nämlich von ‚Leuten, die Verstand haben‘ gesprochen, die aus den ‚Früchten der Dattelpalmen und den Beeren‘ einen ‚Rauschtrank‘ bereiten. Nicht schlecht oder? Es kommt aber noch besser: In Sure 47, Vers 15, glaub ich, steht sogar, dass für die Gläubigen im Paradies ‚Bäche von berauschenden Getränken‘ fließen würden. Woanders im Koran steht aber dann plötzlich, als wäre das alles nicht wahr... Moment ich schau mal kurz nach.“ Ich nahm wieder meinen Reader zur Hand, in den ich mir eine Sammlung der seltsamsten Koranverse abgespeichert hatte und suchte. „Ich hab‘s. Hier steht‘s: Sure 5, Vers 90. Danach ist Alkohol ‚ein Gräuel und das Werk des Satans‘, das Gläubige nur vom ‚Gedenken an Allah und vom Gebet‘ abhalten würde! Das ist bis heute auch die offizielle Parteilinie, weil dieser Vers angeblich jüngeren Datums sei als die anderen. Was ja auch sein kann, wenn man die Geschichte des Korans kennt. Frag mich aber nicht, wieso die wissen wollen, wann was in den Koran aufgenommen worden ist! Jedenfalls sollen angeblich neuere Verse die alten aufheben können. Das Ganze nennt sich dann ‚Abrogation‘. Schönes Wort, von dem der Normalsterbliche auch noch nichts erfahren hat. Die Leute wundern sich immer nur über die vielen Widersprüche im Koran. Scheinbar ist es für die Islamisten aber kein Problem, dass in ihrem Parteiprogramm auch noch die alten Forderungen der Partei drin stehen. Der Gott der Araber darf sich scheinbar auch mal irren oder er wird nur falsch verstanden. Warum man dann aber die veralteten Weisheiten noch im Parteiprogramm gelassen hat, ist mir schleierhaft." / „Denen ist das Parteiprogramm halt heilig.", bot Gabi als Erklärung an. „Jede Forderung darin kommt für die doch von ihrem Gott. Wenn man davon einfach was weglässt, das wäre ja Gotteslästerung. Oder es hieße, im Parteiprogramm hätte was gestanden, was gar nicht von Gott gekommen wäre. Am Ende meint noch jemand, das ganze Parteiprogramm sei von Menschen erfunden worden! Lieber haben sie das Parteiprogramm immer nur erweitert und dafür gesorgt, dass nur ihre Fassung unter die Leute gebracht wurde." / „Da könntest du schon recht haben.", meinte ich: „Und die waren eines Tages auch der Meinung, es sei doch hilfreicher, wenn ihre Gotteskrieger dem Alkohol abschwören - von wegen der Kampfbereitschaft. Keiner sollte wohl mehr verkatert in den heiligen Krieg ziehen!" / „Da hatten's die Christen bei den Römern besser. Die konnten feucht fröhlich feiern.", meinte Gabi. / „Ja, klar. Die hatten ihr römisches Imperium ja auch schon beisammen und brauchten das nicht mehr so eng zu sehen.", ergänzte ich.

Ich fand es verständlich, dass bei den ständigen Erweiterungen des Korans die Araber am Ende die Übersicht über die 6236 Verse in 114 Suren verloren hatten. Sie hatten irgendwann ein derartiges Durcheinander vor sich, dass sie kurzerhand beschlossen, gründlich darin herumzurühren und die Suren weder nach Themen, geschweige denn nach ihrer Entstehung zu ordnen, sondern einfach ihrer Länge nach! So wurde wenigstens nicht jedem gleich klar, welche älteren Verse eigentlich schon überholt waren und eine gewisse Widersprüchlichkeit konnte durchaus auch rätselhaft und übersinnlich, halt „göttlich" wirken. Außerdem wurde die Islampartei auf diese Weise unverwundbar. Die Widersprüchlichkeit und das Chaos in ihrem religiösen Parteiprogramm machte es ihren Feinden fast unmöglich, ihr kriegerische Absichten zu unterstellen. Die islamische Welteroberungspartei, die mittlerweile ihren „Gottesstaat" über den ganzen Erdball nach ihrer „heiligen Schrift" zu verbreiten hatte, konnte sich jederzeit als Friedenspartei präsentieren. Ihr fiel es leicht, alte „friedliche" Verse aus ihren „heiligen Schriften" zu präsentieren, auch wenn diese insgeheim längst „abrogiert" waren und keine Bedeutung mehr für sie hatten. Das konnte ja keiner der „Kuffar" wissen und so wiegten sich die so getäuschten „Gottlosen" weiter in trügerischer Sicherheit. Für Islamisten selber war die Widersprüchlichkeit des islamischen Parteiprogramms kein großes Problem. Ihr überbetetes Gehirn konnte Widersprüche erst gar nicht erkennen oder wischte sie mit wahnhafter Leichtigkeit bei Seite. So erklärten sie einfach, es gäbe keine absolute Wahrheit, nur eine göttliche und die könne ein Mensch sowieso nicht verstehen. Die Wahrheit sei halt mal so und mal so. Man müsse nur genug beten, dann würde man das schon erkennen und aufhören, ständig kritische Fragen zu stellen! Aus klinischer Sicht war diese Behauptung für mich durchaus korrekt. Wer sein Gehirn mit Gebeten ausreichend programmierte, der durfte auch auf die entsprechenden Denkresultate hoffen. Doch einer rationalen Geschichtsbetrachtung mussten bei solch einem unverblümten Irrationalismus natürlich die Haare zu Berge stehen. Wurde doch von islamischen Geschichtsinterpreten nicht nur behauptet, es gäbe halt eine früher und eine später offenbarte göttliche Wahrheit und letztere sei immer die "wahrere" und habe deshalb zu gelten. Es wurde auch nicht näher begründet, warum die eine Sure für jünger gehalten wurde als die andere und deshalb gültig war! Leider waren es am Ende meist die grausamsten und kriegerischsten Verse aus dem islamischen Endstadium des Korans, die als letzte Wahrheit gelten sollten. Sie waren voller Schmähungen, forderten zum Mord an „Ungläubigen" auf, wie in Sure 2,191 und versprachen dafür einen „gewaltigen Lohn" in Sure 4,74. „Ungläubige" waren „des Satans Freunde" nach Sure 4,76 und deshalb wurde es einem Gläubigen durch Sure 4,89 natürlich auch verboten, einen Juden oder Christen zum „Freund oder Helfer" zu nehmen. Ganz im Gegenteil musste ich in meiner privaten Sammlung von Koranversen lesen: „Und so sie den Rücken kehren, so ergreifet sie und schlagt sie tot, wo immer ihr sie findet." Ich suchte im Netz nach dem Mörder des holländischen Filmemachers Theo van Gogh. Ich wusste, dass dessen Mörder, ein in den Niederlanden geborener und aufgewachsener Mann mit marokkanischen Wurzeln und doppelter Staatsbürgerschaft, eine Botschaft hinterlassen hatte - auf einem Zettel, den er mit zwei Messerstichen dem Opfer an die Brust geheftet hatte. Ich wusste nach kurzer Recherche, welche Sure es gewesen war. Es war Sure 5, Vers 33 aus dem 1200 Jahre alten Programm jener arabischen Gottespartei, in deren Auftrag auch Anna getötet worden war: „Der Lohn derer, die gegen Allah und seinen Gesandten Krieg führen und überall im Land eifrig auf Unheil bedacht sind, soll darin bestehen, dass sie umgebracht oder gekreuzigt werden, oder dass ihnen wechselweise Hand und Fuß abgehauen wird, oder dass sie des Landes verwiesen werden. Das kommt ihnen als Schande im Diesseits zu. Und im Jenseits haben sie überdies eine gewaltige Strafe zu erwarten."

Mich packte der Ekel ob der widerlichen Grausamkeit eines angeblich göttlichen Parteiprogramms, nach dem mitten in Europa und überall auf der Welt 1200 Jahre später immer noch Morde geschahen. Wie groß müssen die Ängste und Grausamkeiten unter den Menschen einst gewesen sein, wie brutal der Machtwille ihrer Herrscher, dass eine Staatsreligion solch eine Volksverhetzung betreiben konnte? Wie ängstlich, hoffnungslos und wütend mussten nun Menschen abermals sein, dass sie nach solch einem grausamen Parteiprogramm 1200 Jahre später ihr Leben wieder ausrichten wollten?

Die einstigen arabischen Diktatoren hatten das Stockholm-Syndrom schon längst begriffen, noch bevor es von Wissenschaftlern entdeckt worden war. Das Programm der Islampartei lief geradezu über vor Geboten, die Verfolgung, Folter und Mord als Mittel zur „Bekehrung" "Ungläubiger" guthießen: „ ... Wahrlich in die Herzen der Ungläubigen werfe ich Schrecken. So haut ein auf ihre Hälse und haut ihnen jeden Finger ab.", musste ich in Sure 8,12 lesen und immer wieder mit dem Schlusssatz: „Siehe, Allah ist verzeihend und barmherzig." Da war sie: Immer wieder diese verlogene „Barmherzigkeit" von Geiselnehmern, die sich ihre Geiseln gefügig machten indem sie „pfleglich" mit ihnen umgingen. Die Mörder Annas wussten, wie sie ihre Opfer zur Unterwerfung bringen konnten. Sie mussten sie nur genügend quälen und ihnen noch größere Qualen androhen. „Und kämpfet wider sie, bis kein Bürgerkrieg mehr ist und bis alles an Allah glaubt." ‚War Anna eine der ersten Gefallenen in einem beginnenden Bürgerkrieg?', musste ich mich fragen als ich diese Sure 8,39 in meiner Sammlung von Koranzitaten entdeckte. Auch an die Verteilung der Beute aus den Eroberungen hatten die ebenso machthungrigen wie habgierigen arabischen Herrscher schon gedacht. Auch dazu fand sich Genaueres im Programm der arabischen Gottespartei. Sure 8,41 regelte das mit den Worten: „Und wisset, wenn ihr etwas erbeutet, so gehört der fünfte Teil davon Allah und dem Gesandten und seinen Verwandten…" Wer nicht mehr an der Verteilung der Beute teilhaben konnte, weil er den Märtyrertod gestorben war, den sollte nach Sure 9,111 eine noch größere Belohnung für sein Morden erwarten: „Gott hat den Gläubigen ihre Person und ihr Vermögen dafür abgekauft, dass sie das Paradies haben sollen. Nun müssen sie um Gottes willen kämpfen und dabei töten oder selber den Tod erleiden. … Freut euch über diesen euren Handel, den ihr mit ihm abgeschlossen habt indem ihr eure Person und euer Vermögen gegen das Paradies eingetauscht habt! Das ist dann das große Glück." Auch zur Rechtspolitik war Etliches im Programm der arabischen Gottespartei zu finden. Sure 5,38 regelte z.B. das Strafmaß, mit dem Diebe abzuurteilen waren: „Und der Dieb und die Diebin, schneidet ihnen ihre Hände ab als Lohn für ihre Taten. Dies ist ein Exempel von Allah, und Allah ist mächtig und weise." Noch viel mehr und ähnlich grausame Verse entdeckte ich und jeder war mir wie ein weiterer Messerstich in Annas jungen Körper und das werdende Leben in ihr. Wieso konnte es nur möglich sein, dass eine uralte Schrift die Opfer religiöser Verbrechen in meinem Land auch noch verhöhnen durfte? Wie sollte ich je Ruhe finden, wenn die Anstifter der Täter ungehindert zu weiteren Verbrechen aufrufen durften?

Doch mit all diesen Grausamkeiten wollte ich Gabi nicht belasten. Sie hatte schon genug gelitten. Ich wollte ihr lieber erzählen, wie die Islampartei endlich auch zu ihrem eigenen arabischen Propheten gekommen war. / „Irgendwann müssen die Araber aber gemerkt haben, dass ihrer arabischen Staatsreligion noch was gefehlt hat. Sie hatten keinen eigenen arabischen Kontaktmann zu Gott! Wie war ihr schönes Parteiprogramm von ihrem Gott überhaupt zu ihnen gekommen? Darauf konnten sie keine Antwort geben. Sie hatten ja nur von syrischen Christen abgeschrieben und selbst dazu gedichtet. Es fehlte ihnen auch eine eigene arabische Leitfigur - ein religiöser und politischer Vordenker. Die brauchten einen Helden der Partei! Sowas wie einen arabischen Jesus oder Moses! Und da passierte dann etwas Interessantes. Der Wunsch nach einem eigenen arabischen Helden hatte solange in den Köpfen arabischer Herrscher und ihres Parteivolks gegärt bis er endlich auch gefunden wurde. Sie sahen die 200 Jahre alten Inschriften und Münzen aus dem 7. und 8. Jahrhundert, wussten schon gar nicht mehr, dass mit dem "muhamat", der darauf genannt worden war, eigentlich Jesus der „Gepriesene" gemeint war und kurzerhand wurde daraus für sie nun der Name eines arabischen Propheten - ihres Helden der arabischen Nibelungensage! Der sollte plötzlich „Mohammed" geheißen haben, obwohl es einen solchen arabischen Namen nie zuvor gegeben hatte. Er sollte dereinst das Programm der Unterwerfungspartei vom arabischen Allah empfangen haben und die arabische Einheitspartei gegründet haben. Er war plötzlich der heldenhafte Vorkämpfer gegen alle Ungläubigen und sollte den heiligen Krieg einst erfunden haben, mit dem die arabischen Herrscher nun die Welt erobern wollten. Dass es für seine Existenz keine historischen Belege gab und kein Chronist einen Mohammed je erwähnt hatte - das war in der allgemeinen Euphorie der Araber natürlich unwichtig. Die haben stattdessen selbst immer neue Geschichten über ihren Propheten erfunden. Der angebliche Gründer der arabischen Einheitspartei durfte 62 Jahre gelebt haben, ohne dass einer seiner Zeitgenossen davon je etwas gemerkt hatte. Dass die arabischen Geschichtenerzähler erst 200 Jahre nach dem angeblichen Tod eines Propheten angefangen hatten, über ihn zu fabulieren - das störte keinen. Auch von den heldenhaften Eroberungskriegen dieses angeblichen Propheten gab es keine Berichte von Zeitzeugen - weder bei den angeblichen Besiegten noch bei anderen Chronisten in den umliegenden Ländern. Sie sind als Beweis für den göttlichen Auftrag der Araber einfach frei erfunden worden. Es gab zwar

Kämpfe und Siege und Niederlagen arabischer Herrscher. Aber die hatten mit dem Islam null zu tun. Trotzdem sollten die alten „muhamat"-Inschriften auf Bauwerken und Münzen plötzlich die Hinterlassenschaft eines arabischen Propheten sein. Eine Massenproduktion von Geschichten setzte ein, die sich alle mit den angeblichen Worten und Taten des Partei-Propheten beschäftigt haben. Nach dieser sogenannten "Sunna" soll er von der angeblich blühenden arabischen Handelsmetropole Mekka aus die halbe Welt unter den Islam gebracht haben. Das Problem ist nur, dass Mekka nach allen archäologischen Ausgrabungen zu dieser Zeit nur ein völlig unbedeutendes Wüstennest gewesen sein kann - 150 Kilometer abseits von den nächsten Handelsstraßen. Man hat dort lediglich Reste einer spärlichen christlichen Zivilisation und arabischer Vielgötterei gefunden und dieser Quader, die Kabaa, der dort heute Heiligtum ist, war im 7. Jahrhundert noch eine christliche Kirche. Deshalb ist ja noch heute an der Kabaa eine halbrunde Grundmauer der früheren Apsis zu erkennen und das Ganze ist nach dem christlichen Zentrum Jerusalem ausgerichtet. Als die Prophetengeschichten in Umlauf gebracht wurden, so ab dem 8. Jahrhundert, konnte das natürlich keiner mehr nachprüfen. Jeder wollte nur endlich die Geschichten hören von dem Araber, dem das Programm der Araberpartei von seinem Gott verkündet worden war. Hunderttausende von Geschichten, sogenannte Hadithen, über das Leben eines Mohammeds entstanden. Meistens natürlich auf Anweisung der jeweiligen arabischen Herrscher. So viele, das man etliche Geschichtenerfinder sogar hinrichten musste, weil sie zu offensichtlich ihre eigenen Geschichten erfunden hatten. Bis ins kleinste Detail konnte man in diesen Geschichten vom Leben des Araberhelden alles erfahren, dass es über seine Existenz natürlich keinen Zweifel mehr geben konnte. Paradoxer Weise waren die neueren Geschichten dabei noch detaillierter als die alten. Mit jedem Herrscher kamen neue Anekdoten hinzu, alte Geschichten wurden in abgewandelter Form nochmals in Umlauf gebracht und so weiter. Am Ende gab es fünf Sammlungen mit mehr als einer Million Hadithen! Alles sollten überlieferte Geschichten aus dem Leben des angeblichen arabischen Parteipropheten sein. Eine Unmenge von Geschichten widersprachen sich. Es wurde von Wundern erzählt, einem Ritt des Propheten auf einem Pferd, das ihn zu einem Kurztrip in den Himmel gebracht haben sollte. Dort sollte er natürlich seine Prophetenkollegen Moses und Jesus getroffen haben. Sogar der Hölle sollte er einen kurzen Besuch abgestattet haben - mit einer interessanten Feststellung übrigens. Es gab dort nämlich überwiegend Frauen! Was einen arabischen Macho natürlich nicht überraschen konnte. Als er später gefragt wurde, warum das denn so sei, soll er nur geantwortet haben, die Frauen wären halt alle zu widerspenstig und würden ihren Männern nicht gehorchen. Also weißt du was dich erwartet, mein Liebes!", versuchte ich zu scherzen. Doch das Lachen blieb mir im Halse stecken, ob der unverhohlenen Verachtung, die sich in dieser ernst gemeinten Geschichte offenbarte. War das nicht wirklicher Rassismus, weil er Frauen von Geburt an eine Minderwertigkeit und Boshaftigkeit zuschrieb? „Der arabische Jesus sollte natürlich den Koran möglichst direkt von einem Gott empfangen haben. Dumm nur, dass der Koran unverkennbar christliche Wurzeln hatte. Also wurde behauptet, das arabische Parteiprogramm erkenne zwar auch die jüdischen und christlichen Propheten an. Aber Juden und Christen seien vom rechten Weg abgekommen und nur der Dritte im Bunde sei der wahre Prophet. Deshalb sollte sich auch kein Araber daran stören, dass in seinem Koran immer noch 136-mal Moses vorkam, 24-mal Jesus und 34-mal die heilige Maria der Christen." / „So oft kommen die ja nicht mal im CDU-Parteiprogramm vor.", warf Gabi spöttisch ein, die inzwischen richtig wach geworden war und neben mir aufrecht im Bett saß. / „Nee,", erwiderte ich, "aber vielleicht kommt bei der CDU ein Mohammed öfters vor. Denn den findet man im Koran nämlich nur ein einziges Mal und das auch nur, weil er später noch hinzugefügt worden ist. Das Parteiprogramm, vor allem das arabische Strafrecht, die Scharia, wurde von den arabischen Herrschern natürlich immer stärker für eine totale politische Machtergreifung und

Welteroberung optimiert. Die Parteimitglieder mussten sich fünfmal täglich im Gebet auf das Parteiprogramm einschwören. Ein einfaches Parteiaufnahmeverfahren war wichtig - es musste nur eine bestimmte religiöse Formel gesprochen werden und schon war man drin. Kam aber nur unter Lebensgefahr wieder aus der Partei raus. Die Kinder der Parteimitglieder wurden bereits mit ihrer Geburt zu Zwangsmitgliedern der Partei erklärt und den Jungen wurde ihre Parteizugehörigkeit gleich auch noch in ihr Geschlechtsteil geschnitten. Da gab's für die männlichen Parteimitglieder sowieso kein Zurück mehr! Jeder sollte möglichst täglich im Parteiprogramm lesen und freitags auch noch zu den Parteiversammlungen kommen. Dort gab es dann nochmal die Geschichten aus dem Parteiprogramm als Predigt. Mit der arabischen Vielgötterei war Schluss und die Kirchen wurden schließlich zu Moscheen zwangsweise umgewandelt. Das religiöse Zentrum aus Christenzeiten wurde von Jerusalem nach Mekka und Medina verlagert. So wurden die arabischen Stämme durch den ersten islamischen Staat endlich zwangsvereint! Nix mehr mit Stammeskriegen und so. Die haben nun gemeinsam gegen Ungläubige gekämpft statt gegeneinander. So wurde aus der anfangs noch gemäßigten C-Partei nach und nach eine arabische Islam-Partei - militärisch immer aggressiver, nationalistischer, rassistischer gegen Frauen und religiös größenwahnsinniger. Die Parteimitglieder durften die auserwählten Herrenmenschen sein und die Ungläubigen ihre Untermenschen. Die durfte so ein Gotteskrieger nach Belieben ausrauben, versklaven oder gleich abschlachten. Das ist den arabischen Herrschern natürlich mächtig zu Kopfe gestiegen. Die waren nun stark genug auch noch die letzten Parteilosen unter Todesdrohungen zum Parteieintritt zu zwingen. Am Ende haben sich alle nur noch glücklich gebetet, hatten eine Höllen-Angst und wollten ohne die Partei gar nicht mehr leben. Die Partei hat mit ihren Höllen-Drohungen und ihrer Bethypnose eine regelrechte Massenpsychose ausgelöst. Die Parteimitglieder wurden richtig süchtig nach der arabischen Ideologie. Die wollten freiwillig immer neue Glaubensbeweise abliefern und nur noch kämpfen und sterben! Die Welt war für die gar nicht mehr wichtig, nur noch ihr Paradies. Wer die Partei beleidigte wurde gleich liquidiert, wer ihr nicht beitreten wollte, konnte froh sein, wenn er am leben blieb und nur Sondersteuern zahlen durfte. Die Wissenschaften waren sowieso überflüssig, weil alle Wahrheiten ja schon im Parteiprogramm standen. Wer sich nicht daran hielt, der war Parteifeind und wurde gesteinigt. Mit der Diktatur der Islampartei begann ein finsteres Mittelalter - nicht anders als bei der römisch-katholische Konkurrenz in Europa. Nur sind die durch die Aufklärung früher aufgewacht. Die Islamisten kamen erst zur Besinnung als christliche Kolonialisten ihnen wissenschaftlich-technisch und natürlich auch militärisch überlegen geworden waren. Und da war es dann zu spät. Die letzte islamische Großmacht, die Türken, haben zuerst noch jahrhundertelang die eigenen Glaubensgenossen überfallen, um auch über die arabischen Länder herrschen zu können. Aber dann war auch der Niedergang des Osmanenreichs samt der Islampartei nicht mehr aufzuhalten. Während bei denen weiter fünfmal am Tag gebetet wurde und alle in die Moschee gerannt sind, um ihr Schicksal ihrem Allah zu überlassen, waren die aufgeklärten Europäer längst dabei, mit klarem Kopf und ökonomischer Habgier die Welt zu erobern. Bald waren sie den Islamisten haushoch wirtschaftlich, technisch und militärisch überlegen. Gegen die aufgeklärte Waffentechnik der Kolonialisten hat dann auch der Todesmut der Gotteskrieger nichts mehr geholfen. Nach alter Imperialistensitte und habgierig wie sie waren, haben die Christen diese Überlegenheit natürlich auch prompt ausgenutzt. Kurzerhand sind sie über die unterentwickelte Osmanendiktatur hergefallen und den Rest kennt man ja. Kolonialismus mit etwas technischem und manchmal auch humanitärem Fortschritt für die Unterlegenen aber mit jeder Menge Ausbeutung. Und hinterher, als die Kolonialherren notgedrungen wieder abziehen mussten, weil sich ihre "Wilden" den Kolonialismus nicht länger gefallen lassen wollten, brach wieder das alte Chaos bei denen aus. Die einstige Gottesdiktatur war zerstört und die Kolonialordnung auch. Das

Resultat war: das alte Stammes-Chaos begann wieder von vorne wie vor 1200 Jahren. Wieder die alten ethnischen Feindschaften, Multi-Kulti-Kriege und jeder gegen jeden. Und abermals hat sich die Geschichte wie vor 1200 Jahren wiederholt. Das Chaos und der Hass auf die christlichen Kolonialherren hat nämlich dann die Islamisten-Partei auch wieder stark werden lassen. Plötzlich war der 'heilige Krieg' und der Hass auf die 'Ungläubigen' aus dem islamischen Parteiprogramm wieder top aktuell. Der neue Kolonialismus, der auf Rohstoffe und billige Arbeitskräfte scharf ist und die neuen, raffiniert verdeckten Kolonialkriege - die haben die arabische Gottespartei wieder aufblühen lassen. Die arabischen Hassprediger bekamen wieder regen Zulauf und die Partei konnte wieder ihre ungeschminkte diktatorische Fratze zeigen. Die Feinde aus dem Westen sollten ja schließlich abgeschreckt werden. So wird heute wieder mehr denn je freudig betend von Millionen Mitgliedern der Islampartei auf ein Jenseits gewartet und ein 'heiliger Krieg' gegen die 'Gottlosen' geführt. Deshalb blüht der Salafismus, der den Leuten erzählt, im 7. Jahrhundert wär doch alles viel besser gewesen. Dass es die Islampartei damals noch gar nicht gegeben hat und die geliebten Altvorderen noch allesamt Christen gewesen waren - das wird dieser Parteijugend im Islamunterricht ja auch nicht gesagt." (GEBHARDT, 2016 • Kapitel 8: "Die arabische Nibelungen-Sage")

Schon ein freier wissenschaftlicher Diskurs und die Benennung wissenschaftlicher Fakten, wie sie gerade geschildert wurden, wird islamistische Gegenwehr in migrantischen Parallelgesellschaften provozieren, zugleich aber die intolerante "Spreu" migrationsneurotischer Integrationsverweigerer auffällig werden lassen und einen Anlass geben, diese zur eigenen seelischen Gesundung zu einer Rückkehr in die Heimat zu bewegen. Nicht zuletzt auch deshalb, weil gerade in den Elendsregionen Fachkräfte dringender gebraucht werden, als in dem hoch entwickelten Europa, das genügend Ressourcen hat, seine von einer familien- und kinderfeindlichen Habgierökonomie verursachten demografischen Probleme durch eine entsprechende Gesellschaftspolitik zu lösen (s. unten) statt durch eine seelisch pathogene Zuwanderung religiös, kulturell und sozial entwurzelter islamistischer Armutsflüchtlinge.

Statt der allseits in politischer Hilflosigkeit als Allheilmittel gepredigten und Migranten zwangsverordneten "Deutschkurse" und anstatt die Lösung sicherheitspolitischer Probleme wieder einmal auf Polizei und Justiz zu verlagern, wie es plötzlich sogar von sonst so "autonomen" christlichen Linkssektierern gefordert wird, bedarf es ganz einfach nur wirklicher sozialer Gerechtigkeit für *alle* BürgerInnen. Auf natürliche und niemanden einer falschen Verdächtigung aussetzenden Weise kann zwischen Verfassungsfreund und -feind unterschieden werden: ***Ganz einfach durch wirkliche gesellschaftliche Integrationsangebote, wie***

sie allen Bürgern aus sozialer Gerechtigkeit eigentlich zustehen - Einheimischen genauso wie Migranten, Frauen genauso wie Männern. Denn wer, wie es derzeit vor Gottesdiensteifer erblindete Politiker, Kirchenführer und gutmenschliche Hyperaktivisten vorführen, bei Integration immer nur an privilegierte "Flüchtlinge" denkt, der handelt rassistisch und sozial ungerecht. Der hat wohl noch nicht begriffen oder hat vor christlichem Helfereifer vergessen, dass Integration durch gesellschaftliche Teilhabe ein *Menschenrecht* ist, das nicht nur den Statisten selbstgeißelnder linkspopulistischer Fremdenverehrung zusteht. Ganz davon abgesehen, dass jeder unweigerlich Sozialneid und rassistische Antipathien sät, wer zusätzlich zur gesellschaftlichen Spaltung in Arm und Reich auch noch die Spaltung in einheimische Arme und privilegierte migrantische Arme hinzufügt. Genau dies tut aber die derzeitige "Integrationspolitik" in Deutschland.

Das von christlichen Linkspopulisten politisch und medial beherrschte Deutschland erinnert an eine zerrüttete Familie, deren Oberhaupt plötzlich auf die Idee gekommen ist, zu allem Übel auch noch einen fremden Gast im Haus aufzunehmen. Nicht nur, dass weder die ganze Familie zuvor befragt wurde und der Aufnahme eines Fremden zugestimmt hat, wie dies bei alle Familienmitglieder betreffenden Entscheidungen in demokratischen Familien getan wird. Wegen ihrer eigenen Probleme mit sich selber ist die Familie auch gar nicht in der Lage, einen Gast zu integrieren: Einzelne Familienmitglieder fühlen sich selbst nicht integriert, fühlen sich benachteiligt, gedemütigt und haben sich frustriert zum Medien- und Drogenkonsum in ihre Zimmer zurückgezogen. Die Familie hat obendrein keine sie verbindende Identität ("Familiengeist"), keine von allen akzeptierten Familienregeln und auch keine von allen geliebten Familienrituale und -traditionen. Sie ist ganz im Gegenteil nur mit der eigenen kriminellen Vergangenheit beschäftigt, verurteilt sich als "Verbrecherfamilie" und hasst sich selbst am meisten. Die "politischen Eltern" haben den Gast auch nicht aus rationaler Hilfsbereitschaft und Zuneigung aufgenommen (und den anderen zugemutet), sondern vor allem des eigenen religiösen Erbauung wegen: Um sich selbst zur Sündenvergebung damit zu bestrafen. So ist die Familie nach der Aufnahme des Gastes untereinander noch zerstrittener als zuvor. Nun auch noch darüber, ob überhaupt ein Gast aufgenommen und mit ernährt werden soll solange an der Verteilungsgerechtigkeit des familiärer Hilfe gezweifelt werden muss, wenn es in der Familie selbst noch so viele Hilfsbedürftige und außerhalb der Familie noch 1 Milliarde weiterer Hilfsbedürftiger gibt, die genauso ein Gastrecht beanspruchen könnten.

Wird eine solchermaßen zerstrittene Familie einen Fremden in ihrer Mitte aufnehmen können, wenn sie doch gar keine Mitte hat? Wird eine solche Familie einen Gast zur familiären Teilhabe und Mitarbeit motivieren können, wenn er damit zum Komplizen einer schuldbeladenen, selbstanklagenden, unglücklichen Verbrecherfamilie wird und sich womöglich zukünftig dann dafür ebenfalls hassen und geißeln soll?

Natürlich ist solch eine *kapitalistische, linkspopulistisch dominierte Scheinfamilie* weder integrationsfähig, noch steigert sie den Integrationswillen ohnehin neurotisch belasteter Migranten! Eher wird sie ein gefundenes Opfer feindseliger Gäste werden, die das Familienchaos für ihre egoistischen Interessen ausnutzen, die Familienmitglieder gegeneinander ausspielen und ausbeuten werden. Wenn dann die gewalttätige Integrationsverweigerung der Gäste offensichtlich wird, wird der gastfreundliche Teil der "Familie" dies natürlich den anderen Familienmitgliedern in die Schuhe schieben: „Ihr seid nicht gastfreundlich genug!", werden sie sagen, anstatt sich einmal mit der Außenwirkung des desolaten Zustands der eigenen Familie zu beschäftigen. Selbst wenn diese "Familie" einen Gast ohne jegliche kulturell-religiösen Identitätskonflikte und politisch-religiösen Feindbilder, frei von Heimweh usw. fände, bliebe ihr Integrationsangebot für den Gast dennoch eine Zumutung: *"Löst zuerst mal eure Probleme untereinander, bevor ihr Euch auch noch Gäste einladet!"*, müsste er mit Recht sagen und eine Einladung ablehnen. Unbewältigbar sind die Konflikte mit Gästen,

• die mit tief verwurzelten kulturell-religiösen Ressentiments und einem politisch nachvollziehbaren Hass auf die "Familie" ins Haus kommen.

• Mit einem Hass auf die deutschen Helfershelfer einer US-Nato-Kriegsverbrecher-Allianz,

• auf todbringende deutsche Waffen,

• auf den für die schwächeren Marktteilnehmer stets ruinösen EU-Freihandel,

• mit einem Hass auf die globalen Rohstoffausbeuter, die Unruhen und Bürgerkriege anzetteln, um an ihre Rohstoffquellen zu kommen und

• mit einem von Kindheit an ihnen eingepflanzten Hass auf "ungläubige weiße Götzenanbeter".

Deshalb richten sich die folgenden Integrationsangebote *sozialer Gerechtigkeit* an alle "Familienmitglieder" und konsequenter Weise dann auch an die "Gäste" der Familie. Sie wenden sich nicht, wie in der bisherigen Ausländerpolitik, nur an Zuwanderer, sondern an alle Bürgerinnen und Bürger, denen derzeit noch zu Millionen eine gesellschaftliche Randexistenz zugemutet wird. Weil es fundamentale, der Humanität verpflichtete Integrationsangebote sind, die niemand, der wirklich in einer Gesellschaft leben will, ablehnen kann, wird sich zugleich sehr schnell anhand ihrer Inanspruchnahme zeigen, wer überhaupt in einer freiheitlich-demokratischen "Familie" leben will oder deplatziert ist und besser zu seiner Zufriedenheit, zu seiner seelischen Gesundung und zum Schutz und Wohlergehen seiner für ihn ungeeigneten Gastgeber sich besser eine andere "Familie" suchen oder besser gleich in seine eigentliche Heimat zurückkehren sollte.

Millionen von Menschen in Europa haben, nicht anders als Migranten, unter *psychopathogenen Lebensbedingungen* zu leiden:

• unter drohender oder schon eingetretener *Arbeitslosigkeit* und *Armut*;

• unter existentieller *Zukunftsangst*, die für sie eine Familiengründung bei *demütigenden Hungerlöhnen* zu einem noch größeren *Armutsrisiko* werden lässt;

• unter der *Einsamkeit,* weil sie *ohne familiären Rückhalt* sich durch's Leben kämpfen müssen oder, wenn sie dennoch eine Familiengründung gewagt haben, in ihrem *familiären Existenzkampf* permanent überfordert sind;

• sie leiden unter *entfremdeter, entmenschlichter Arbeit,* die sie unter permanentem *Leistungsdruck, diktatorischen Machtverhältnissen* und *sozialem Konkurrenzkampf* in ihren Betrieben zu verrichten haben;

• denen man sinnlosen und unbezahlbaren *Konsumismus* als Ersatz für musisch-kreative und soziale Entfaltung per *gleichschaltender Dauerwerbung* antrainiert hat und, und, und.

Die daraus resultierenden, *gesellschaftlich erzeugten Neurosen* werden dann auch noch in fataler Weise von einem *schwer erreichbaren, sozial tabuisierten und unterpersonalisierten* neurosetherapeutischen (Unter-) Versorgungssystem, wie wir es derzeit bemängeln müssen, *zu spät* oder *gar nicht* gestoppt. So können *unvermeidbare* menschliche Lebensschicksale (Krankheit, Verlust, Trennung), zwischenmenschliche Abhängigkeiten und Konflikte usw. schließlich ungehindert aus den Neurosen mitunter gar *schizophrene Psychosen* werden lassen (vgl. GEBHARDT, 2019).

Deshalb hier nur einige Hinweise darauf, was sich gesellschaftlich ändern muss, um sozial verbreiteten Neurosen *vorzubeugen* und damit auch den neurotisch-psychotischen Gefährderentwicklungen, die aus ihnen entstehen können:

• Integrative Arbeitsmarkt- und Wirtschaftspolitik

Die materielle Grundlage der Familien muss durch ein *grundgesetzliches Recht* auf einen *Existenz sichernden, integrierenden Arbeitsplatz* und einen *menschenwürdigen Mindestlohn* gewährleistet sein. Diese beiden Grundrechte sollten insbesondere im Falle arbeitsloser, heimatloser, perspektivloser und deshalb potentiell gefährdender Parallelgesellschaften an die Stelle einer Hartz IV- oder sonstigen christlichen Sozial-Alimentierung treten. Letztere wirkt desintegrierend, letztlich demütigend, demotivierend und schafft dazu durch Arbeitslosigkeit auch noch Freizeit für eine islamistische Radikalisierung.

Durch eine sozial gerechte, menschenwürdige Verteilung von Lohn und Arbeit wird auch für Armutsdeusche Familienplanung erst wieder möglich und kann ein materiell gesichertes Familienleben die seelische Gesundung eines jeden Familienmitglieds fördern, ohne von einem Armutsrisiko belastet zu sein. Ein Aussterben von Gesellschaften, von Politikern und Medien gerne als sog. "demografischer Wandel" verharmlost, wird selbst von christlichen Linkspopulisten in seinen ökonomischen Ursachen nicht erkannt. Die menschliche Tragödie *pathogener sozialer Vereinzelung*, die sich hinter sinkenden Bevölkerungszahlen und steigenden psychischen Erkrankungen verbirgt, wird stattdessen dazu benutzt, eine psychopathogene und global ungerechte Migrationspolitik zu legitimieren und einen multikulturellen Bevölkerungsaustausch als Lösung vorzuschlagen. Bis dahin sollen die Betroffenen weiter in eine seelisch krank machende Vereinsamung nach dem Willen auch pseudolinker Populisten gezwungen werden. Einer überalterten Gesellschaft wird so spätestens am Lebensende durch das Fehlen einer jungen Generation ein elendes Aussterben im Pflegenotstand bereitet werden.

Dabei ließe sich bei entsprechendem wirtschaftspolitischem Willen, der auf das Mittel der Drohung mit Arbeitslosigkeit zur Senkung von Löhnen, Krankmeldungen und Arbeitnehmerrechten verzichtet, sehr schnell ein grundgesetzlich verankertes Recht auf Arbeit umsetzen (z.B. durch eine Ausweitung des öffentlichen Dienstes, arbeitsplatzschaffende staatliche Maßnahmen, eine gerechte Verteilung von Arbeitszeit durch Arbeitszeitverkürzung, Überstundenbesteuerung, Mehrarbeitsbesteuerung).

Leider wird aber nicht umsonst von antipsychiatrischen Aktivisten an die Adresse der Psychiatrie und der klinischen Psychologie der Vorwurf gerichtet, sie seien nur Anpassungswerkzeuge einer kranken Gesellschaft. Dies liegt auch daran, dass von professionellen Helfern allzu gerne zu den gesellschaftlich pathogenen

Zuständen geschwiegen wird - nicht zuletzt aus fehlender Einsicht in die psychosozialen Zusammenhänge neurotisch-psychotischer Leiden und aus materieller Abhängigkeit zu den staatlichen und privatwirtschaftlichen Verursachern seelisch krank machender gesellschaftlicher Missstände. Immerhin finden sich aber erste Ansätze in der psychiatrischen Literatur, die die Bedeutung der *Arbeit* für die individuelle seelische Gesundheit würdigen - wenn auch noch, ohne daraus eindeutige politische Forderungen abzuleiten:

„Für die meisten Menschen hat Erwerbstätigkeit, eine positive Bedeutung, abgesehen davon, das sie für Einkommen sorgt: Erfolgreiche Problembewältigung stimuliert das seelische Erleben und kann so das Selbstwertgefühl stärken. Erfüllt Arbeit eine Funktion, vermittelt sie das Gefühl, gebraucht zu werden. Arbeit hat auch wichtige soziale Funktionen, insofern sie Gelegenheiten eröffnet, neue Beziehungen zu entwickeln und neue Umgebungen kennenzulernen. Arbeit gibt dem Leben ein Fundament und eine Struktur... Der Mangel an Beschäftigung kann vielerlei Folgen haben: einen Mangel an Belohnungen für erbrachte Leistungen, an Herausforderungen oder Zielen, an Beziehungen zu Arbeitskollegen, an einen Ort außerhalb der eigenen Wohnung oder an Tagesstruktur. All dies kann bei Menschen zu einem Zusammenbruch führen. Die Erfahrung, ausgeschlossen zu sein, kann eine depressive Reaktion verursachen, in der Passivität eine entscheidende Rolle spielt." (CULLBERG, 2008)

Wissenschaftlich müssen endlich jene psychopathogenen *gesellschaftlichen Zustände* benannt werden, die für das seelische Leid des Einzelnen verantwortlich zu machen sind, damit auch ihre gesellschaftlichen und insbesondere ökonomischen Verursacher zur überwiegenden Finanzierung der Therapiekosten nach dem Verursacherprinzip von den Krankenkassen in Regress genommen werden können. In der Praxis kann dies nur bedeuten, dass die Therapie der z.B. durch pathogene Arbeitsbedingungen verursachten seelischen Erkrankungen auch von den Verursachern (Arbeitgebern) entsprechend ihrem Anteil an der Pathogenese übernommen werden muss. Nur wenn psychopathogene Schäden, wie Umweltschäden, in der ökonomischen Kostenkalkulation sich niederschlagen, werden auch seelisch gesunde Arbeitsbedingungen für die Unternehmen profitabel werden können.

Wie direkt und für jeden erkennbar die langfristigen sozialen und unmittelbaren ökonomischen Verursacher seelischer Erkrankungen festgemacht werden können, zeigt u.a. folgender Fall:

„Angela - eine seelische Vergewaltigung:
Seit sechs Monaten war Angela - eine alleinstehende Frau, 33 Jahre alt - Geschäftsführerin einer Boutique, die zu einer weltweiten Ladenkette gehörte. Mit ihren Mitarbeiterinnen hatte sie sich intensiv auf das Verkaufsprogramm der Saison vorbereitet. Nur einen Tag nach der Ankündi-

gung eines Besuches tauchte der für sie zuständige Bereichsleiter auf. Ohne einen konkreten Grund zu nennen, beschwerte er sich über ihre mangelnde soziale Kompetenz - ein Vorwurf, der Angela und ihren Kolleginnen zufolge eindeutig ungerecht war. Vor diesem Besuch hatte es keinerlei Kritik an ihr gegeben.

Zwei Tage später wurde Angela zur Hauptgeschäftsstelle zitiert. Dort wurde ihr ohne jede weitere Erklärung ihre Entlassung mitgeteilt. Der Chef, ein Mann und jünger als Angela, blieb unnachgiebig. Um Würde bemüht, versuchte Angela ihre Gefühle unter Kontrolle zu behalten. Äußerlich unbewegt, unterschrieb sie eine Vereinbarung, nach der sie eine Entschädigung von sechs Monatsgehältern erhalten sollte. Freunde, denen sie sich anvertraute, hatten ihr davon abgeraten, die Firma zu verklagen, denn das würde nur ihrem Ruf in der Industrie schaden und es würde vielleicht schwierig für sie, einen neuen Arbeitsplatz zu finden.

Wie vereinbart, blieben Angela noch ein paar Tage, um ihre Nachfolgerin einzuarbeiten. Sie kam sich wie 'anästhesiert' vor, tat jedoch mit großer Mühe, was man von ihr verlangte. Nachts weinte sie sehr viel und telefonierte mit ihren Freunden. Ein paar Tage später, nach einer Besprechung mit ihrem Anwalt, ,empfing' sie vage Todesdrohungen von Menschen, an denen sie auf der Straße vorbeikam. Sie hatte das Gefühl, verfolgt zu werden, und sah, wie man sie vom Auto aus beobachtete. Plötzlich wurde ihr alles klar - ihr Leben wurde von einer internationalen Verschwörung bedroht.

Sie flüchtete sich zu ihren Eltern. Dort fühlte sie sich jedoch nicht sicherer, als sie hörte, wie beim Wetterbericht verschlüsselt über sie geredet wurde. Ihre Eltern versuchten ihr die Absurdität einer solchen Fantasie vor Augen zu führen - ohne Erfolg. Nach ein paar Tagen, als ihre Panik angesichts der Bedrohung wuchs, suchte sie in einer psychiatrischen Notfallambulanz Hilfe. Dort wurde eine akute Psychose diagnostiziert, Angela wurde in eine Akutstation eingeweisen und erhielt antipsychotische Medikamente.

Der Arzt, der sie sich am folgenden Tag ansah, war der Meinung, sie könne trotz der Psychose auch außerhalb des Krankenhauses zurechtkommen, unter der Voraussetzung, dass sie sich dort regelmäßig vorstelle. Die antipsychotischen Medikamente wurden durch ein Mittel ersetzt, das ihr das Schlafen erleichterte. Nach ein paar Wochen ließen Angelas Verfolgungsideen nach und sie konnte jetzt erkennen, dass ihre Verwandten und Freunde ihr mit Recht ans Herz legen wollten, ihre Krankheit von dem Verhalten ihres Chefs zu trennen, der es tatsächlich auf sie abgesehen hatte. Während der therapeutischen Bearbeitung der Krise kamen ihre ausgeprägte Sensibilität, ihr Schmerz und ihre Zukunftsangst zum Vorschein. Angela setzte die Pschotherapie noch mehrere Jahre fort und fand schließlich einen neuen Job, mit dem sie gut zurechtkam. Ihre Erfahrungen mit dem Rausschmiss bezeichnete sie als seelische Vergewaltigung." (CULLBERG, 2008)

In diesem Falle, der u.a. durch eine medikamentöse Schlafförderung und psychotherapeutische Begleitung aufgefangen werden konnte, haben wir es mit einer kurzfristigen, weniger tiefgehenden Wahnentwicklung zu tun (anders als bereits in der Kindheit einsetzender religiöser Indoktrination mit späterer migrationsneu-rotisch-psychotischer Entwicklung). Sie wurde durch eine *extreme einstellungsbildende soziale Erlebniskon-frontation* (plötzliche Entlassung) und nachfolgende grüblerisch memorierende Gedankenarbeit (auch nachts!) ausgelöst (vgl. GEBHARDT, 2019) und führte zu ersten *Wahnwahrnehmungen* („Todesdrohungen") und *Wahneinfällen* („internationale Verschwörung"). Ursächlich kombinieren sich hier aber nahezu alle *psy-chopathogenen gesellschaftspolitischen Faktoren*, die wir hinsichtlich der Prävention neurotisch-psychotischer Entwicklungen im Auge behalten müssen:

• *Defizite in der familiären und schulischen Persön-lichkeitsbildung* mit nachfolgend fehlenden Lebensal-ternativen und Lösungsstrategien bei Abhängigkeit von beruflichem Erfolg (Verursacher: Familie/staatliches Bildungs- und Erziehungssystem);

• *Totalitäre innerbetriebliche Machtstrukturen*, die ohne Rücksicht auf die Verletzlichkeit von Menschen den kurzfristigen ökonomischen Profit in den Vordergrund stellen, den Einzelnen neurotisch-psychotisch traumatisieren, die Gesundheitskosten aber größtenteils auf den Einzelnen abwälzen können (Verursacher: Arbeitgeber, staatliche Beschäftigungspolitik, Arbeitsrecht und Krankenversicherungssystem);

• *Soziale Vereinzelung/Einsamkeit* in Konfliktsituationen infolge u.a. der Unvereinbarkeit von Ausbildung, Beruf und Familiengründung wegen gesellschaftlich nicht ausreichend gesicherter Kinderbetreuung, mangelhafter familiärer Existenzsicherung infolge Geringbezahlung, unsicherer Arbeitsverhältnisse/drohender Arbeitslosigkeit in der Privatwirtschaft (Verursacher: Staat und Arbeitgeber);

• *Mangelnde psychologische Kenntnisse* in der Bevölkerung über allgemeine seelische Zusammenhänge und über die Risikofaktoren neurotisch-psychotischer Entwicklungen insbesondere: neurotische Dauerbelastungen, endlose, auch nächtliche grüblerisch-neurotische Gedankenaktivitäten, unterlassene rechtzeitige Nachfrage nach psychotherapeutischer Hilfe usw. (Verursacher: Familie/staatliches Bildungs- und Erziehungssystem, hochschwellige psychologische Beratungsangebote);

• Mangelnde volks- und betriebswirtschaftliche Kenntnisse über die Profit maximierenden Hintergründe unternehmerischen Handelns zu Lasten von Arbeitnehmern. Die Folge: Unternehmerische Entscheidungen werden von ihren Opfern als persönliche Angriffe oder gar als persönliche Schuld/Versagen interpretiert und nicht als sozial ungerechtes ökonomisches Prinzip, das wegen mangelhaftem staatlichem Kündigungsschutz, Verwehrung des Grundrechts auf Arbeit zu einem menschenwürdigen Mindestlohn usw. systematisch jeden treffen kann (Verursacher: Familie, Staat, Schule, Medien);

• Integrative Bildungspolitik

Die Schulen sollten ihren *Bildungs- und Erziehungsauftrag* endlich von der Vermittlung von *wirtschaftsverwertbaren* Fähigkeiten weg bewegen, hin zu einer *allgemeinen Persönlichkeitsbildung* junger Menschen mit u.a. musisch-kreativer, wissenschaftlich-technischer, sportlicher, handwerklicher Persönlichkeitsentfaltung und einer Wissensvermittlung über das eigene Seelenleben und das sozialer Gemeinschaften (z.B. in einem Fach "Menschenkunde/Psychologie"). Denn es gilt: *Je vielfältiger die Persönlichkeit und die Lebensinteressen eines Menschen, desto stärker ist er in der Auseinandersetzung mit kritischen Lebensereignissen und umso geschützter vor neurotisch-psychotischen Entwicklungen!*

• Rundum *kostenlose Ganztagsschulen* (einschließlich aller Lernmittel, Tagesverpflegung, ÖPNV usw.) und ein lernmotivierendes *Schülergehalt*, das Lernarbeit honoriert kann integrationsverweigerndem Schulabsentismus vorbeugen und Integrationsverweigerung mit natürlichen Konsequenzen ("Lohnkürzungen") belegen. Dies alles, um der Indoktrination in islamistischen Elternhäusern, Clans und Stadtteilen Konkurrenz zu machen, Grenzen zu setzen und eine verfassungskonforme Leitkultur der Gleichberechtigung, Toleranz und wissenschaftlichen Denkens an ihre Stelle zu setzen.

• Alle Bildungsangebote sollten sich grundsätzlich an dem *alterstypischen Wissenshunger* der SchülerInnen orientieren, statt weiterhin unverständliche Antworten auf (womöglich gar seelisch belastende z.B. religiöse Schuld-) Fragen zu geben, die keiner gestellt hat (deshalb sollte es zu jedem *Wissensfach* auch das entsprechende *Anwendungsfach* geben). *Nur motiviertes Lernen ist wirkliches Lernen und trägt zum Wohlbefinden eines Menschen nachhaltig bei!*

• Lernarbeit darf nicht länger unbezahlte (und damit *unmotivierte) Kinderarbeit* bleiben, die nur durch die langfristig pathogene Angst vor Demütigung ("Benotung"), sozialer Ausgrenzung ("Sitzenbleiben") usw. erzwungen werden kann. Ein nach Lernmitarbeit und Alter gestaffeltes "Schülergehalt" könnte natürliche Lernbereitschaft und nachhaltig *antidepressive Handlungsmotivation* schaffen. *Kostenlose* Lernmittel, kostenloser ÖPNV für alle Lernenden, eine kostenlose Ganztagsbetreuung mit kostenlosem Gemeinschaftsessen, finanzierbar durch Einsparungen u.a. beim Kindergeld, würde Bildungseinrichtungen zu einem *integrativen* Lernort machen, der Armutsbarrieren überwinden hilft.

• Niemand darf seine Schullaufbahn beenden dürfen, ohne einen seiner intellektuellen Möglichkeiten entsprechenden, wenigstens mittleren Schulabschluss erreicht zu haben. Um die gesundheitsförderliche *soziale Integration, berufliche Zukunft und Existenzgrundlage* junger Menschen zu sichern, sollte deshalb die starre Pflichtschulzeit (sog. "Pflichtschuljahre") durch eine Pflicht zum Erreichen eines mittleren Bildungsabschlusses ersetzt werden *(Schulabschlusspflicht)*. Insbesondere SchülerInnen aus bildungsfernen und sozial benachteiligten Schichten müssen dabei durch entsprechende *Ganztagsschulangebote* pädagogisch, psycho- und sozialtherapeutisch unterstützt werden.

• Integrative Familienpolitik

Unsere bereits dargestellten integrativen Politikansätze sind indirekt zugleich Familienpolitik: Je besser die wirtschaftlichen *Zukunftsperspektiven* der Menschen und je gesicherter die *Lebensgrundlagen der Familien* sind (s. oben), desto eher können Eltern eigene seelische Krisen bewältigen, die Kinder gestärkt schulischen Anforderungen genügen und von den Familien aus selbstbewusst in's Erwachsenenleben wechseln. *Eltern und Alleinerziehende*, deren Arbeitsplätze und Einkommen gesichert sind, können ein verständnisvolleres Erziehungsverhalten ihren Kindern gegenüber zeigen. Ihre Erziehungsaufgabe wird ihnen zusätzlich erleichtert, wenn ihre Kinder kostenlos gesellschaftlich betreut und schulisch in ihren persönlichen Interessen gefördert werden. Durch *gemeinsame Interessen* von Eltern und Kindern kann sich so auch ein glückliches und seelisch gesundes Familienleben entwickeln.

• Diese gesellschaftlichen Integrationangebote sollten durch die Abschaffung von Arbeitslosigkeitsalmosen (Hartz IV) und die Reduzierung von "Geburten- und Herdprämien" (Kinder- und Betreuungsgeld) unterstützt und zugleich finanziert werden. Diese für einen christlichen Gottesstaat typischen Sozialalmosen schaffen keine wirkliche soziale Gerechtigkeit, zementieren vielmehr Arbeitslosigkeit und Lohnungerechtigkeit. Sie demütigen und demotivieren die Almosenempfänger, erzeugen ein depressives Bettelverhalten und tragen obendrein dazu bei, dass islamistisch diskriminierte Frauen auch noch durch staatliche Gelder aus dem gesellschaftlichen Leben ausgegrenzt und zu Gebär- und Haushaltshilfen degradiert werden. Zumal Kinder- und Herdprämien oftmals mehr ins Ausland oder für elterliches Suchtverhalten abfließen, als dass sie in Familien aus migrantischen und anderen desintegrierten Gesellschaftsgruppen wirklich für die integrative Förderung von Kindern verwendet würden.

Diese Integrationsangebote sozialer Gerechtigkeit, die allen Bürgern zugute kommen, werden von integrationswilligen und -fähigen Migranten ohne besondere islamistische Vorprägung und migrationsneurotische Beeinträchtigungen sicher dankend angenommen werden. Sie werden nur von jenen abgelehnt werden, die aufgrund ihres Verlustes von Heimat, Gemeinschaft, religiös-kultureller Identität und wegen ihrer religiöszwangsneurotischen Einstellungen zu einer rationalen politischen Auseinandersetzung mit "ungläubigen", "weißen", kriegstreibenden, neokolonialen Europäern nicht fähig sind. Sie *müssen* sich einer Integration verweigern, weil sie sich nicht der Europäer wegen auf den gefährlichen Weg nach Europa begeben haben, sondern nur eines vorgestellten, aber nicht realisierbaren Wohlstands wegen, der ihnen von einer heuchlerischen Willkommenkultur versprochen wurde. Sie werden sich spätestens nach einem Wegfall staatlicher Almosen und der Aufforderung zu gesellschaftlicher Mitarbeit als islamistische Integrationsverweigerer outen müssen und zwangsläufig ein Fall für therapeutische Hilfen oder gar staatsanwaltliche Gefährderabwehr werden.

Parallel zu diesen gesellschaftspolitischen Integrationsangeboten müssen aber vor allem eine effektivere Entwicklungshilfe, Friedenspolitik und die Einrichtung heimatnaher Schutzzonen dafür sorgen, dass es seelisch belasteten Migranten ohne Integrationsvermögen leichter fällt, zu ihrer seelischen Gesundung in die Heimat und zu Familie und Freunden zurückzukehren.

Auch die Migration von weiteren Armuts- und Kriegsflüchtlingen und das damit verbundene seelische Leid wird sich dadurch reduzieren und durch sichere EU-Außengrenzen schließlich ganz verschwinden. Dann werden die Menschen in den Elendsregionen zu ihrer Verantwortung für ihre eigene Zukunft hoffnungsvoller wieder zurückfinden können. Dann wird zugleich ein gewalttätiger, global agierender Islamismus nicht länger von einer westlichen Neokolonial-Politik seine irrationalen religiösen Feindbilder auch noch politisch bestätigt bekommen.

Sachwortverzeichnis

Literatur / Weblinks

BLEULER, Manfred (1987): "Schizophrenie als besondere Entwicklung" In K. DÖRNER (Hrsg.): "Neue Praxis braucht neue Theorie. Ökologische u. andere Denkansätze f. gemeindepsychiatrisches Handeln". Gütersloh: Jakob van Hoddis

BPB - Bundesamt für politische Bildung (2012): "Deutschland: Migranten häufiger psychisch krank" http://www.bpb.de/gesellschaft/migration/146035/migranten-haeufiger-psychisch-krank

FAZ.net (2018): "Wie stark radikalisiert der Islam junge Menschen?" http://www.faz.net/aktuell/politik/wie-stark-radikalisiert-der-islam-junge-menschen-15373891.html

GEBHARDT, Tom (2016): "Flagellanten" (Paperback/e-book, epubli-Verlag)

GEBHARDT, Tom (2016): "John Nash - Kopf oder Zahl" (Hardcover/e-book, epubli-Verlag)

HÄFNER, Heinz (2016): "Schizophrenie - Erkennen, Verstehen, Behandeln" (Verlag C.H.Beck)

KÖSTER, Barbara (20016): "Der Islam entstand nicht in Mekka und Medina" (Blog-Gastbeitrag auf "tichyseinblick") https://www.tichyseinblick.de/gastbeitrag/islam-nicht-in-mekka-und-medina-entstanden/

KRAUSS, Hartmut (2018): „Warum Deutschland politisch in Scherben liegt: Die Schönfärbung des Islam und die muslimische Masseneinwanderung als zentrale gesellschaftspolitische Problemgegenstände" https://hintergrund-verlag.de/analyse-der-islamischen-herrschaftskultur/

warum-deutschland-politisch-in-scherben-liegt-die-schoenfaerbung-des-islam-und-die-muslimische-masseneinwanderung-als-zentrale-gesellschaftspolitische-problemgegenstaende/

KRAUSS, Hartmut (2019) - Initiative an der Basis. https://basisinitiative.wordpress.com/2019/09/04/initiative-an-der-basis-hartmut-krauss/

MARCUSE, Herbert (1967): "Der eindimensionale Mensch". Neuwied / Berlin: Hermann Luchterhand

OHLIG, Karl-Heinz (2007): "Zur Entstehung und Frühgeschichte des Islam" (Vortrag von Prof. Dr. Karl-Heinz Ohlig als pdf-Dokument / Hrsg.: Ausländerbeauftragter beim Thüringer Ministerium f. Soziales, Familie u. Gesundheit) http://apps.thueringen.de/de/publikationen/pic/pub-download891.pdf

SCHARFETTER, C. (1970): "Symbiontische Psychosen. Studien über schizophrenieartige ‚induzierte Psychosen'". Bern: Huber

SHZ.DE (2014): "Glinder Zahnarzt nach Kindsmord in Psychiatrie", Stormarner Tageblatt vom 8.10.2014 https://www.shz.de/lokales/stormarner-tageblatt/glinder-zahnarzt-nach-kindsmord-in-psychiatrie-id7884831.html

WIKIPEDIA (2016): "Anschlag auf den Berliner Weihnachtsmarkt an der Gedächtniskirche" https://de.wikipedia.org/wiki/Anschlag_auf_den_Berliner_Weihnachtsmarkt_an_der_Ged%C3%A4chtniskirche

Weitere Bücher von Tom Gebhardt...

S chizophrene Störungen sind nur die Fortsetzung
dessen, was in jedem von uns an seelischen Problemen des Alltags schlummert, sich unter belas-
tenderen Lebensereignissen zu einer Neurose steigern kann und schließlich unter ganz besonderen
Lebensumständen, nach einer *neurotisch-psychotischen Entwicklung,* in einer schizophrenen Psychose enden muss.

Tom Gebhardt • "Schizophrenie - Irrwege der
Neurose"
Sachbuch (320 S.) ISBN: 978-3-7418-0079-5
Hardcover / Taschenbuch (284 S.) / eBook

Ein Mord und der religiöse Wahn, der überall auf der Welt schon seine Terroropfer fordert und auch ihn zum Opfer gemacht hat, bringen Rainer Bölldorff zu dem Entschluss, sich einem Hassprediger des Wahns in den Weg zu stellen. Die unbekannte, aber verblüffend plausible Schizophrenie-Theorie, die er in einer alten Diplomarbeit entdeckt hat, soll ihm dabei helfen…

Tom Gebhardt • "Flagellanten"
Roman • ISBN: 978-3-7418-0079-5
Taschenbuch (616 S.) / eBook

Enttäuscht von dem Film "A beautiful mind" beschließt Rainer Bölldorff, das Leben des schizophrenen Mathematikers und Nobelpreisträgers John Nash selbst nach der Ursache für dessen Wahnentwicklung zu erforschen. Die unbekannte Schizophrenietheorie, die er in einer alten Diplomarbeit entdeckt hat, soll ihm dabei helfen. Die Biografie von Nash lässt plötzlich für ihn einen ganz anderen Film entstehen. Begeistert von seinen Entdeckungen geht er daran, sie in einem spannenden Hörspiel niederzuschreiben…

Tom Gebhardt • "John Nash - Kopf oder Zahl"
(Roman)
ISBN: 978-3737592826
Taschenbuch (152 S.) / eBook